UM **AMOR** DE **IRMÃO**

Coleção Crescer em Família

- *Adoção: exercício da fertilidade afetiva*, Hália Pauliv de Souza
- *É possível educar em palmadas? Um guia para pais e educadores*, Luciana Maria Caetano
- *Juntos somos mais que dois: dicas para um casamento feliz*, Mari Patxi Ayerra
- *Quando é necessário dizer não: a dinâmica das emoções na relação pais e filhos*, Mariângela Mantovani
- *Um amor de irmão: como sobreviver aos ciúmes e às rivalidades entre irmãos*, Dolores Rollo

Dolores Rollo

UM **AMOR** DE **IRMÃO**

Como sobreviver aos ciúmes
e às rivalidades entre irmãos

Dados Internacionais de Catalogação na Publicação (CIP)
(Câmara Brasileira do Livro, SP, Brasil)

Rollo, Dolores

Um amor de irmão : como sobreviver aos ciúmes e rivalidades entre irmãos / Dolores Rollo ; tradução de Leonilda Menossi. – São Paulo : Paulinas, 2014. – (Coleção crescer em família)

Título original: Un amore di fratello : come sopravvivere a gelosia e rivalità
Bibliografia.
ISBN 978-85-356-3788-5

1. Ciúme em crianças 2. Educação de crianças 3. Irmãos e irmãs 4. Pais e filhos 5. Papel dos pais 6. Relações interpessoais 7. Rivalidade entre irmãos I. Título. II. Série.

14-05550   CDD-158.24

Índice para catálogo sistemático:
1. Irmãos e irmãs : Relações interpessoais : Psicologia aplicada   158.24

Título original da obra: *Un amore di fratello: Como sopravvivere a gelosia e rivalità*
© Edizioni San Paolo s.r.l. – Cinisello Balsamo (MI), 2011.

1ª edição – 2014

Direção-geral: *Bernadete Boff*
Editora responsável: *Andréia Schweitzer*
Tradução: *Leonilda Menossi*
Copidesque: *Simone Rezende*
Coordenação de revisão: *Marina Mendonça*
Revisão: *Sandra Sinzato*
Gerente de produção: *Felício Calegaro Neto*
Projeto gráfico: *Manuel Rebelato Miramontes*

Nenhuma parte desta obra poderá ser reproduzida ou transmitida por qualquer forma e/ou quaisquer meios (eletrônico ou mecânico, incluindo fotocópia e gravação) ou arquivada em qualquer sistema ou banco de dados sem permissão escrita da Editora. Direitos reservados.

Paulinas
Rua Dona Inácia Uchoa, 62
04110-020 – São Paulo – SP (Brasil)
Tel.: (11) 2125-3500
http://www.paulinas.org.br – editora@paulinas.com.br
Telemarketing e SAC: 0800-7010081
© Pia Sociedade Filhas de São Paulo – São Paulo, 2014

A Giovanna e Antônio,
meus irmãos.

Sumário

Introdução 9

CAPÍTULO 1
Não mais o "único":
ciúmes e rivalidades entre irmãos 13

CAPÍTULO 2
Até arrancar sangue: brigas e apaziguamento 27

CAPÍTULO 3
Vamos brincar de quê? Irmãos, pais e amigos 39

CAPÍTULO 4
Afeto e intimidade: exclusividade do amor fraterno 51

CAPÍTULO 5
Irmãos, "mestres" de vida: a influência
positiva dos irmãos 63

CAPÍTULO 6
Irmãos no espelho: os irmãos gêmeos 73

CAPÍTULO 7
Quando o irmão continua sendo "o menor"
por toda a vida: um irmão com deficiência 85

Epílogo 95

Bibliografia 103

Introdução

O objetivo deste trabalho é mostrar a extraordinária singularidade de laços entre irmãos, que trazem em si características diametralmente opostas: rivalidade e cumplicidade, ódio e amor profundos, complementaridade e reciprocidade. E para os pais, enfrentar os relacionamentos cotidianos entre os filhos, nos quais o afeto e a rivalidade se entrelaçam, é um trabalho muito difícil.

Com poucos meses de vida, o bebê já reconhece os irmãos e os distingue das outras crianças. Sinal de que, para a natureza, os laços fraternos são de importância fundamental para a vida e para o desenvolvimento da pessoa.

É a partilha das experiências, das brincadeiras, das recordações e das emoções que estreita as relações entre irmãos: a alegria pelas primeiras férias na praia, a dor da primeira punição, a tristeza pela primeira separação da mamãe e do papai. A partilha de espaços e tempos de crescimento, porém, traz consigo não somente experiências e episódios positivos, mas também resultados negativos: além dos momentos de partilha e de afeto, acontecem também os ciúmes, as brigas e as rivalidades.

Após uma troca de palavrões, de socos, de puxões de cabelos e de acusações ("Foi ele que começou"; "A culpa é dela!"), em geral se recorre aos pais para que resolvam a briga, dizendo quem tem razão e quem está errado. E a mãe e o pai entram em crise porque sabem que, não importa o que façam, sempre ouvirão: "Você gosta mais dele do que de mim!".

Quando os irmãos brigam, o que devem fazer os pais? Deixar que resolvam sozinhos o problema, ou intervir e chamar a atenção deles? O que é possível fazer para ajudá-los a conviverem e a serem unidos?

Procuraremos descrever aqui o que significa ter irmãos e ser pais de irmãos. Antes de tudo, os irmãos e as irmãs, embora tenham os mesmos pais, podem ser muito diferentes. Eles têm em comum, em média, somente 50% dos genes, mas nem todas as diferenças podem ser explicadas pelo patrimônio genético. Há o temperamento ou caráter que torna cada um deles único e é também aquilo que não se partilha com ninguém.

De fato, os irmãos compartilham o status social ou o grau de instrução dos pais, por exemplo, ou o fato de morar num determinado bairro. Não partilham, porém, o tipo de relação que a mãe e o pai tem com cada um deles.

Por mais que os pais se esforcem por serem justos e equânimes com cada um, será difícil conseguir comportar-se da mesma maneira com todos os filhos. O gênero e a ordem de nascimento são alguns dos fatores que influenciam o comportamento. Em geral, são mais "ternos" com o segundo filho e mais rígidos com os meninos.

Também o relacionamento entre os irmãos pode ser muito diferente. Pode ser hostil, chegando a estapearem-se ou xingarem-se; pode também ter atitudes amigáveis, baseadas na cooperação, na participação em jogos, na ajuda recíproca e de colaboração. Geralmente, quando nasce um irmãozinho prevalece o ciúme, mas quando esse sentimento se redimensiona e se resolve a relação entre os irmãos fortalece os outros componentes. Os pais podem fazer muito.

Falaremos alternadamente de *pai, mãe* e de *pais*, quando nos referirmos aos dois genitores. Contudo, ainda que não especificado, usaremos o termo *irmão* na acepção que denota indiferentemente irmãos ou irmãs.

CAPÍTULO 1

NÃO MAIS O "ÚNICO": CIÚMES E RIVALIDADES ENTRE IRMÃOS

André, três anos e meio, não aceitou de jeito nenhum o irmãozinho, quando os pais lhe revelaram que ele chegaria e que teria de compartilhar seus brinquedos com ele. Para Lucas, o mais novo, foi reservado um berço no quarto de André, com a desculpa de que "André já é grande e poderá tomar conta do irmãozinho". Agora que Lucas nasceu, André é obrigado a estar presente nas visitas de parentes e de amigos, que cumprimentam e dão parabéns aos pais pelo recém-nascido, que é "tão bonitinho", "tão bonzinho", "quase não chora, como fazem tantas crianças" e "é a cara da mamãe". Como se não bastasse, Lucas recebe um monte de presentes. André já não aguenta mais. À noite, ele volta a fazer xixi na cama; e de dia não quer ir à escola, com medo de que, ao voltar para casa, a mamãe tenha ido embora com o Lucas. Às vezes, quando fica sozinho com o irmão, puxa o cabelo dele ou lhe dá um beliscão. A mãe não o perde mais de vista, desde o dia em que o viu cobrir o rosto do irmão com o lençolzinho do berço. E vive lhe dizendo que ele já é grande, não deve fazer mal ao irmãozinho, nem ter ciúmes, porque sempre o amará.

Por que as crianças são ciumentas

Ciúme é sempre ciúme, seja na relação marido e mulher, seja entre amigos, seja entre namorados, seja entre irmãos. É um sentimento que se experimenta em relação à pessoa amada, para a qual se quer ser único: assim como uma mulher quer que o homem amado ame apenas a ela, também a criança quer que a mãe ame exclusivamente a ela e não ao irmão. Aquilo que o ciumento teme perder não é o amor, mas a exclusividade.

Os ciúmes são consequência natural do próprio fato de amar. Com isso, a criança nos diz que ela também ama e não está disposta a renunciar a ser o único objeto do interesse dos pais.

Definidos nesses termos, os ciúmes nos revelam uma dupla capacidade da criança: a capacidade de amar e a de sentir emoções complexas; que surgem por volta dos 18 a 24 meses, após a autoconsciência de si e de ser diferente dos demais.

A criança torna-se capaz de sentir ciúmes quando, graças ao desenvolvimento do próprio conhecimento e das relações afetivas, toma consciência dos sentimentos, seus e dos outros. Sente amar a mamãe e o papai e sente ser amada por eles de modo absoluto, até a chegada do irmãozinho concorrente.

A criança habituada a ter só para si o amor e a atenção dos pais vive a chegada de um irmão como a de um "rival", em relação a quem sente ciúmes. É normal, e também inevitável, ter ciúmes de quem se apossa do reino do coração da mamãe. Quando ela vê a mamãe amamentando o bebê, trocando-lhe a fralda, falando com ele, deixando-o dormir na cama do casal, sente-se excluída, e tem medo de perder o posto privilegiado que teve até aquele momento. Em pouquíssimo tempo o ex-rei pode tornar-se um tirano agressivo e caprichoso, ou então, com a ajuda dos pais, pode compreender que a república democrática é melhor do que a monarquia absolutista!

Veremos, pois, que os pais sensíveis aos sentimentos dos seus filhos não são os que negam a evidência (o surgimento inevitável dos ciúmes), mas os que a reconhecem e a transformam em algo positivo para todos.

O nascimento de um irmão

A causa mais comum da rivalidade fraterna (ciúmes, espírito de competição e ressentimento) é a mudança do sistema familiar advinda com o nascimento de um irmãozinho ou de uma irmãzinha.

Quando nasce um segundo filho, geralmente os pais dão menos atenção ao seu primogênito, que tende a responder a esse "descuido", tornando-se caprichoso, chorando e, por vezes, batendo ou beliscando o irmãozinho. Não é de se admirar que o menino se pergunte por que, se os pais o amavam tanto, quiseram uma outra criança: são eles que decidem ter outro filho, e não ele a um irmão. Mas os ciúmes podem não dizer respeito, necessariamente, somente ao relacionamento entre irmãos: também um filho único pode ser tomado de ciúmes pela relação existente entre os pais. Estes, convictos de que ter apenas um filho ajude na possibilidade de evitar o sofrimento causado pelos ciúmes, na verdade se iludem. De fato, a criança não passará pelos conflitos com os irmãos, mas, habituada a considerar-se "única", seja dentro da família, seja fora dela, desenvolverá atitudes egocêntricas e também sentirá ciúmes. Tais sentimentos se manifestarão primeiro na relação do casal (a criança não aceita manifestações de afeto entre os pais) e depois em relação a amigos e colegas de escola. Em tal caso, os pais devem estimular o filho único a relacionar-se com as outras crianças, a fim de cortar a relação de exclusividade com a mãe.

Enfim, enquanto o segundo e o terceiro filhos têm menos medo de perder o laço de exclusividade com os pais, numa família de mais irmãos cada criança pode ter ciúmes uma da outra. Obviamente, numa família com mais filhos podem desenvolver-se diversas dinâmicas entre irmãos, não existe uma regra única: pode acontecer que ao nascer o terceiro filho, o primeiro e o segundo se aliem, somando a hostilidade contra o recém-chegado. Mas pode também acontecer que o primogênito se autoproclame defensor do recém-nascido e se posicione contra o irmão do meio.

Embora isso seja menos frequente, também o caçula pode desenvolver sentimentos de ciúmes em relação aos irmãos mais velhos. Depende, sobretudo, da idade: o menor, crescendo ao lado de um irmão mais velho bem-sucedido, premiado e mimado, poderia ser ciumento.

Segundo os resultados de algumas pesquisas, enfim, parece que a posição menos crítica na família com mais de dois filhos seja aquela intermediária: entre três irmãos, o do meio parece ser o mais autônomo e disposto a relações sociais afetivamente seguras e equilibradas. Por outro lado, acontece também que as crianças nas brincadeiras com amigos encontram um modo de resolver os ciúmes, "reduzindo-os", por meio do faz de conta no qual assumem papéis diversificados. Brincar de casinha, por exemplo, exercendo o papel de pai ou mãe, pode ser um modo de lidar positivamente com os ciúmes em relação ao irmão.

Como reconhecer os ciúmes

As reações de ciúmes das crianças são diferentes: vão desde as manhas e birras, que elas fazem para atrair a atenção dos pais, até a agressividade e o rancor em relação ao irmãozinho. Cada criança tem seu modo de exprimir as suas emoções.

Quando ela é pequena, ainda não consegue lidar com suas emoções e, portanto, não sabe controlar sozinha o seu comportamento. Se sente dor e tristeza ao ver a mãe amamentar o irmãozinho, ela o "diz" com comportamentos que mudam de acordo com a idade e o caráter: com o aprendizado da linguagem, a criança recorre sempre mais à fala, por exemplo, insultando ou denegrindo o irmãozinho. Naturalmente, isso dependerá também do seu caráter, do quanto é extrovertida e sociável, adaptável e aberta à novidade.

Entre as manifestações mais típicas dos ciúmes estão os ataques de raiva: dar pontapés, gritar, correr pela casa sem dar ouvidos a ninguém. A criança ciumenta em geral faz birras e está sempre querendo alguma coisa, mas nunca fica satisfeita: choraminga para que lhe comprem um sorvete, e, quando o recebe, não o toma e diz que quer um suco. A atitude irritante e incontentável irrita muito os pais, que frequentemente perdem a paciência.

Outras vezes, a criança se torna agressiva nos confrontos com o irmãozinho. Alguns comportamentos são agressivos desde o início, outros, ao invés, vão se tornando assim. É o que chamamos de "mudança de comportamento", como quando a criança parece querer fazer um carinho no irmão e, em vez do carinho, lhe dá um tapa. Tais comportamentos são expressão da ambivalência de sentimentos: ao mesmo tempo amam e odeiam o irmão.

A agressividade, seja física, seja verbal, pode voltar-se também contra os adultos, em primeiro lugar contra a mãe. A criança insulta, acusa, reprova os pais por terem tido outro filho, e mostra o quanto seria vantajoso ter um único filho.

As crianças mais obstinadas e orgulhosas podem manifestar agressividade contra a mãe, até mesmo ignorando-a por dias inteiros.

Nem sempre as crianças manifestam ciúmes de modo explícito. Em alguns casos, elas assumem comportamentos regressivos, ou seja, retrocedem em relação às habilidades que possuem, por exemplo, voltam a chupar o dedo, a querer a mamadeira, a fazer xixi na cama.

É como se elas se comportassem de maneira mais simples do que são capazes. Em geral, a criança regride no comportamento de forma problemática (volta a fazer xixi na roupa, ou volta à mamadeira deixada há tempos) ou de modo "estranho" (coloca fralda ou quer sugar o seio da mãe como um recém-nascido). Os pais podem sentir-se menos impotentes se compreenderem que a criança, ao imitar o recém-nascido, quer chamar sobre si a atenção que os pais estão dando ao pequenino. Outras vezes, a criança não consegue exprimir seus sentimentos ou nega o seu sofrimento, que aparece sob a forma de dor de barriga, erupção cutânea ou febre. Ao somatizar a ansiedade e a tristeza desencadeadas pela novidade do nascimento do irmãozinho, ela atrai a atenção da mãe, ao mesmo tempo em que pune a si mesma pelos sentimentos injustos que experimenta.

Que atitude tomar?

Como ajudar os filhos a superar os ciúmes?

Os ciúmes "não passam sozinhos" ou com o crescimento. Conforme a intervenção educativa dos pais, podem ser resolvidos sem deixar marcas, ou pelo menos sem deixar cicatrizes permanentes que influenciem o desenvolvimento da personalidade. Em primeiro lugar, os pais precisam *colocar-se no lugar do filho*. É a única maneira de compreender os seus sentimentos e comportamentos.

Com frequência, os pais não compreendem os sentimentos da criança. Não se dão conta de que se nos dissessem: "Vou arranjar uma nova mulher/um novo homem, querida/o, e assim você terá alguém com quem poderá bater papo", no mínimo ficaríamos enciumados, se não agressivos e com desejos de "vingança". E, no entanto, dizer a uma criança: "Vamos dar-lhe um irmãozinho, meu amor, assim você terá alguém com quem brincar", tem para ela o mesmo significado.

Em muitos casos, mesmo os pais reconhecendo os sinais dos ciúmes, a criança é ridicularizada, ou, ao contrário, castigada. Rir de uma criança é um erro. Equivale a minimizar aquilo que para ela é o primeiro e maior drama da sua vida: ter perdido o amor da mamãe e do papai.

Castigar a criança por seus comportamentos não é uma estratégia correta a ser adotada. Não faz mais do que confirmar a ideia de não ser amada. O que a criança mais precisa é exatamente o afeto e a compreensão dos pais, que devem, ao mesmo tempo, mostrar-lhe que seus comportamentos não são aceitáveis.

Compreender a criança e o que ela sente, naturalmente, não deve significar que suas pretensões de exclusividade sejam justificadas e aceitas.

Colocando-se no lugar do filho, os pais assumem um tom afável e seguro, também nas reprovações e nas proibições.

Compreensão, segurança e paciência são os ingredientes que os pais devem mesclar para enfrentar os efeitos negativos da rivalidade entre irmãos.

Quando temos febre, o médico não receita apenas medicamentos para abaixá-la. Ele nos observa e também prescreve exames para descobrir a origem da febre e, tratando a causa, evitar que ela volte. Assim como faz o médico em relação à febre, também os pais não deveriam agir somente no comportamento resultante dos ciúmes, reprimindo-os. Com a reprovação, curam-se os "sintomas" (por exemplo, as birras), mas com a doçura e a firmeza se age na causa do comportamento birrento. É inevitável desaprovar alguns comportamentos (por exemplo, a agressividade para com o irmãozinho) e ser mais paciente com outros mais toleráveis (por exemplo, a raiva imotivada). No enfrentamento de ambas reações é preciso que os pais assumam uma atitude paciente e firme.

Os pais poderão lembrar ao filho ciumento acontecimentos do passado que lhe demonstrem o amor deles, mas sem cair na ideia do amor exclusivo. Assim, os pais dizem à criança: "Veja, vivemos juntos tantas coisas que provam o nosso amor por você! E vamos viver muitas outras coisas, embora não sejamos mais somente nós", e não: "Aquilo que vivemos juntos demonstra que sempre mais vamos querer bem a você".

O tempo é o melhor aliado dos pais, pois fará a criança perceber que os pais continuam a querer-lhe bem, ainda que, ao mesmo tempo, amem mais alguém além dela. Quase todas as crianças ciumentas preocupam-se que o irmão receba um tratamento melhor que ela. Querem ser consideradas de maneira justa e igualitária. Os pais deveriam esforçar-se por serem o mais corretos e *justos* possíveis. Uma boa estratégia é dar pequenas responsabilidades e oportunidades a ambos os irmãos, por exemplo, um corta o bolo e o outro recebe a primeira fatia.

Como agir no dia a dia

Em relação aos ciúmes cotidianos, que devem os pais fazer na prática?

Para serem justos devem, por exemplo, esforçar-se para não fazer diferenças. Quando amigos e parentes trouxerem presentes ao recém-nascido, é bom que se dê também algum presentinho ao primogênito. Convém evitar elogiar muito uma criança em relação à outra e ser muito afetuoso com uma e não com a outra.

É melhor que nunca se comparem as duas crianças, o que faria aumentar ainda mais o ciúmes. Busquem relacionar-se com cada uma das crianças considerando a sua individualidade e suas características pessoais, dedicando tempo a cada uma delas.

Já que o sentimento surge com o nascimento do irmãozinho, o primogênito deve ser logo informado sobre o acontecimento, antes que ele o perceba por si mesmo e passe a confirmar suas previsões mais catastróficas. Assim, a criança se sentirá menos excluída, ao ser envolvida na chegada do irmãozinho desde o início, por exemplo, assistindo à ultrassonografia ou acompanhando as transformações do corpo da mamãe. Falar-lhe sobre o que é um recém-nascido, o que ele sabe e o que não sabe fazer, ler com ela um livro ou uma revista sobre gravidez e nascimento podem ser algumas maneiras de envolvê-la e partilhar com ela a espera do irmão.

O recém-nascido não deve cair de repente no sistema consolidado da família, nem deve acarretar mudanças de improviso aos irmãos mais velhos logo após o seu nascimento. Seria um erro, por exemplo, impor às crianças uma mudança nos seus espaços, acrescentando arbitrariamente um berço no quarto delas, e quem sabe, anunciando-lhes: "O seu irmãozinho vai brincar com os seus brinquedos".

Os pais justos se dão conta da necessidade de respeitar os espaços do primogênito, reservando um espaço exclusivamente dele. As crianças não deveriam ser forçadas a partilhar objetos e brinquedos com os irmãos: o que pertence a uma criança deveria ser só dela. À medida que os irmãos vão se conhecendo, a partilha vai se tornando natural e a possessividade vai diminuindo. É indispensável não fazer coincidir a chegada do irmão mais novo com uma "partida" do irmão mais velho, por exemplo, ao ser matriculado na escolinha ou enviado para a casa dos avós como falsa solução, que poderia dar-lhe a ideia errônea de que os pais não o querem mais. Pela mesma razão, os pais não deveriam de imediato deixar de passar um tempo com o primogênito. Façam o contrário, deixem o caçula com a babá ou avós e saiam com o filho mais velho. Isso contribuirá para que ele se sinta seguro e tenha a certeza de que é amado.

É preciso compreender a agressividade e fazer com que a criança também a compreenda, antes de tudo, mas ainda que ela seja repreendida é melhor usar palavras que digam respeito ao seu comportamento e não à pessoa dela ou ao seu modo de ser: "Você não deve agir assim, pois pode machucar o seu irmãozinho" e jamais "Você é muito mau!".

Outra frase muito usada e abusada é a seguinte: "Ele é pequenino e você já é grande, por isso não deve bater nele". O fato de ser grande deveria trazer vantagem e prazer, e não dar mais responsabilidade, senão, não há por que crescer!

A mamãe foi hoje acompanhar o André à escolinha e levou uma surpresa: suco de laranja e bolinhos para todos os seus coleguinhas, para festejar o fato de que ele agora é o irmão mais velho do Lucas. André se sentiu importante e orgulhoso. Quando a mamãe vai buscá-lo na escola e lhe diz: "Hoje somos só eu e você. Vamos ao parque tomar um sorvete?", André se sente menos triste, pois, desde que deixou de ser filho único, de vez em quando faz xixi na cama, mas felizmente a mãe não briga com ele. É triste não ter mais a mamãe só para si, mas isso tem também um lado positivo, como o fato de ganhar presentes como o Lucas, que nem percebe isso.

A mamãe colocou um berço no quarto de André, mas explicou que os brinquedos continuarão a ser dele, de mais ninguém, que ele não vai precisar emprestar para o Lucas, se não quiser. Disse também que ter um irmão significa ter alguém com quem se pode partilhar as coisas e que um poderá ajudar o outro. "Agora o Lucas é pequeno", disse a mamãe, "não fala nem entende nada, mas você também já foi assim quando era menor, André. Quando o Lucas crescer, vocês poderão brincar juntos".

CAPÍTULO 2

ATÉ ARRANCAR SANGUE: BRIGAS E APAZIGUAMENTO

Desde que eram pequenos, as brigas de Fábio e Marcos bagunçaram a vida da família. Marcos tinha apenas um ano de idade, quando Fábio, três anos mais velho, o derrubou do sofá e ele fraturou o bracinho. Desde então, eles são como cão e gato: Fábio, o cãozinho rosnento, que quer ter sempre razão; Marcos, o gatinho chorão, que sempre pede socorro à mamãe, pois "Foi ele que começou", isto é, Fábio, o primogênito. Uma vez foi porque ele queria ver seu programa preferido na TV, outra vez porque quis apagar a luz do quarto. Fábio, que já completou dez anos, ainda não perde ocasião de agredir Marcos. E, Marcos, sentindo-se forte porque desde "pequeno" sempre foi defendido pela mamãe, aproveita para instigar o irmão mais velho, comportando-se de modo que sabe que Fábio não suporta. Por exemplo, sabe que, quando está passando um jogo de futebol na TV, Fábio quer ser deixado em paz. Marcos, porém, continua a falar, comenta falhas e decisões do árbitro, fica de pé na frente da TV ou andando pela sala. O papai está sempre ocupado, e a mamãe não se interessa por futebol, é mais importante que Fábio dê atenção a Marcos. E então, quando Fábio finalmente perde a paciência e dá um chute ou um soco em Marcos, a mãe intervém e o coloca de castigo. Toda vez que disputam, Fábio recebe um cartão vermelho e Marcos vence a partida.

Como, quando e por que os irmãos brigam

Ter os mesmos pais não significa ser "irmãos" para todos os efeitos, ser compatíveis em tudo e um cuidar do outro. Os pais pensam que ter os mesmos genes seja suficiente para induzir os filhos a se quererem bem: não é isso que acontece; antes, às vezes, parece ser bem o oposto e que os irmãos não se suportem. A harmonia e o afeto entre irmãos são o resultado de um lento processo de conhecimento e partilha, juntamente com a intervenção atenta e sensível dos pais. Os pais devem ensiná-los desde pequenos a conviver com os conflitos, sem dramatizá-los, afinal isso não tem nada de estranho ou patológico. Faz parte da vivência em ambiente familiar, onde cada um tem seu caráter e suas necessidades. Não por acaso, é mais fácil que as crianças façam birras e discutam durante os momentos típicos da rotina do dia a dia: na hora de comer, de fazer os deveres, de ir dormir, durante as compras no supermercado. Até as festas de aniversário (ocasião em que, geralmente, apenas um recebe presentes e atenções), as longas viagens ou as festas de família podem criar situações ideais para elas atraírem a atenção dos adultos ou para cederem à confusão do momento, brigando com o irmão.

Mas de onde surgem as brigas entre irmãos? Elas correspondem aos comportamentos pelos quais as crianças exprimem seus próprios conflitos. Insultos verbais ou agressividade física são a última manifestação de um conflito frequentemente gerado pelas mesmas causas: possessividade e ciúmes. Nos primeiros anos de vida, as crianças também brigam porque têm capacidades cognitivas e sociais limitadas: não sabem partilhar, revezar, tolerar frustrações, nem esperar por gratificações, assumir um compromisso ou negociar. Os comportamentos pelos quais se manifestam os conflitos dependem também do nível de competência das crianças: aos dois anos, por exemplo, pontapés, arranhões e tapas são os modos usuais dos pequenos que ainda não possuem uma adequada capacidade linguística. Aos quatro ou cinco anos de idade, as brigas ainda são físicas, mas também acompanhadas de comentários desagradáveis. Na idade escolar, as altercações verbais, zombarias e desafios demonstram que as crianças estão aperfeiçoando a capacidade de fingir (e mentir) e de compreender o que elas podem usar contra os outros. Na adolescência, ironizar e denegrir representam ataques diretos à autoestima do irmão mais frágil.

Quando a *diferença de idade* entre os irmãos é pequena – dois ou três anos – os conflitos são mais frequentes e mais duradouros. Se a diferença é maior, o irmão mais velho costuma reconhecer a capacidade de cuidar de si mesmo e a fará prevalecer sobre a necessidade de ser agressivo. Geralmente é o irmão maior que desafia o menor para demonstrar-se superior, mas sem o dizer. Depende muito da estratégia de intervenção dos pais.

A maneira de brigar é muito diferente entre os *meninos* e as *meninas*. As meninas preferem as brigas verbais, palavrões, gritos, choro e, no limite, um puxão de cabelo. Os meninos, por sua vez, usam mais o corpo na hora de brigar: pontapés, socos, empurrões. Quando os irmãos são de sexo diferente, a relação é mais tranquila. As irmãs têm para com os irmãos uma função de apoio e conforto, mas às vezes o afeto pode também traduzir-se em atritos e rivalidades. Pode acontecer, por exemplo, que o irmão mais novo veja na tentativa de a irmã mais velha dar-lhe conforto uma ingerência na função e nos direitos de pai e mãe. Por outro lado, a presença de um irmão é visto por uma irmã de maneira neutra, porque isso não interfere em sua identidade.

As relações entre irmãos do mesmo sexo, por outro lado, são marcadas pela competição, vividas como ameaça de um ao outro.

Ciúmes e/ou inveja

As crianças brigam por vários motivos: pela posse de suas coisas e de seus brinquedos; pelo seu espaço ("Este lugar do sofá é meu") e dos próprios espaços da casa ("Saia do meu quarto!"); pela disciplina (as crianças também dão ordens umas às outras).

Constituem também causa de conflitos os sentimentos naturais, universais e congênitos, como os ciúmes e a inveja. Em ambos os casos os pais devem compreender que esses sentimentos não são causados por falhas na educação. A responsabilidade deles não depende da presença de tais sentimentos nos filhos, mas do tipo de ajuda que lhes dão a fim de conseguirem superá-los.

Não é fácil distinguir entre inveja e ciúmes. A primeira diz respeito a alguma coisa ou a alguém que se quer ter, ao passo que os ciúmes são direcionados a algo ou alguém que se julga possuir com exclusividade e não se quer perder. Por exemplo, os ciúmes são sentimentos típicos do primeiro filho, que experimenta a perda da exclusividade de que desfrutou até aquele momento na relação com os pais, quando chega um irmãozinho. A inveja, por sua vez, é mais característica (mas não exclusiva) do segundo filho, mais comum no caçula em relação ao mais velho, ou daquele que se acha inferior ao irmão e tem maiores dificuldades em enfrentar as diferenças com quem se sente mais capaz e habilidoso. Com frequência, os pais, ao citar o filho mais velho como exemplo a ser imitado, inconscientemente estimulam a inveja do filho mais novo. Mas também o filho mais velho pode tornar-se invejoso, se os pais adulam e defendem mais do que o necessário o filho caçula. É claro que não se deve generalizar.

Cada relação fraterna é um caso em si, porque cada filho é único, e única é a relação que se estabelece, seja com o irmão, seja com os pais. As circunstâncias da vida, além disso, tornam variáveis as relações fraternas, de modo que, em diversos períodos e por motivos diferentes, inveja e ciúmes são vividos alternadamente por todos os filhos.

Brigas como rito de passagem

O conflito é uma passagem evolutiva muito importante para crianças que têm irmãos. Através das brigas, a criança afirma-se no interior da família e faz valer o seu ponto de vista. É como se dissesse: "Ei! Eu também estou aqui!". Só que, quando são muitas crianças que dizem isso ao mesmo tempo, as brigas são inevitáveis. Entretanto, essas brigas reforçam a consciência de si e também dos outros, mostra que os outros (o irmão, os pais) podem ter opiniões diferentes.

Ao mesmo tempo, brigar não quer dizer levar a melhor! Por isso, o conflito muitas vezes obriga-a a aceitar o desafio e a tolerar a consequente frustração. Através das brigas, a criança aprende que existem regras a serem respeitadas (por exemplo, não bater uns nos outros) e limites além dos quais os pais intervêm. Estudos recentes atribuem grande importância aos conflitos entre irmãos para o desenvolvimento social da criança: a capacidade de conviver e partilhar com os demais, de agir com altruísmo, de reconhecer os propósitos e desejos dos outros parece advir também das brigas entre irmãos.

A briga com os irmãos ensina a sair de si mesmo e a acertar as contas com os outros; mas, para que isso aconteça, é muito importante que os pais funcionem como "filtros". Compreendendo as dinâmicas e adotando estratégias adequadas, os pais podem ajudar os adversários a chegar a uma negociação. Podem também estimular uma reflexão sobre os sentimentos experimentados e os motivos da briga. O pai ou a mãe pode ser um árbitro sensível, que os estimula a raciocinar sobre as causas do conflito e a buscar uma solução.

O pai e mãe "árbitros"

Na gestão de conflitos e brigas entre irmãos, além de compreenderem os motivos que levaram as crianças a brigarem, como se devem comportar os pais?

Durante as brigas normais, *os pais deveriam manter distância*, deixando às crianças a responsabilidade de resolver a questão como puderem e como souberem. A interferência dos pais, talvez com a intenção de descobrir quem é o culpado e dirimir o conflito, isenta-as do trabalho de resolver sozinhas. Além disso, os conflitos se intensificam porque, para as crianças, é emocionante envolver os pais nas discussões, seja para ver as reações deles, seja para que tomem partido.

Não intervir, porém, não significa, desinteressar-se, olhar para o outro lado, mas estimulá-las que raciocinem sobre as causas do conflito e busquem uma solução. O ônus de encontrar uma solução e fazê-la funcionar deve ser das crianças litigantes, mesmo que seja evidente a culpa de uma só delas. Os pais poderiam dizer: "Não vou entrar no meio dessa briga. Não me interessa saber de quem é a culpa: procurem descobrir vocês mesmos! Procurem juntos uma solução que agrade às duas partes". Dessa forma, os pais *encorajam as crianças a conversarem e a resolverem elas mesmas os seus problemas*, e as elogiam quando encontram a solução e chegam a um acordo.

Os pais devem, no entanto, ditar as regras. Por exemplo: "Não se batam, não digam palavrões, não quebrem as coisas. Apenas conversem!". Poucas regras, mas claras! E, também, prever as sanções, desde pequenos, e fazer com que os que brigaram as paguem, sem exceção, independentemente de quem tenha ou não razão. Assim, por exemplo, se dois irmãos estão se batendo, os pais devem punir a ambos, mesmo que saibam que só um levantou a mão para bater. *Para serem justos*, não será preciso dar a ambos a mesma punição. Os pais devem aceitar as diferenças das crianças e comunicar-se de acordo com as suas diferentes individualidades. Falar de modo diferente com cada um dos filhos, porém, não é o mesmo que ter preferências, até porque as crianças não toleram isso.

Os pais devem *evitar ter preferência por um filho*. Pode acontecer que os pais privilegiem um filho por considerá-lo mais inteligente, mais bonito ou por qualquer outro atributo que o coloque em destaque. Essa não é uma atitude feliz, porque os filhos privilegiados se aproveitam disso, enquanto que os outros sofrem. É claro que não se deve confundir a "preferência" com atitudes de maior atenção em relação a um filho que tem mais necessidade de ajuda, porque ainda não é autossuficiente ou é menos hábil.

As comparações são inúteis e contraproducentes: o que faz uma criança sentir-se segura é a sensação de ser amada pelos pais por aquilo que ela é. Se os pais a comparam com os outros filhos, seja usando "rótulos" ("Você é o menos educado", "Você é o mais peralta"), seja no modo de a tratar, a criança se sentirá infeliz e ficará ressentida com os pais e os irmãos. Para evitar as preferências, os pais devem observar a si mesmos: prestar atenção ao modo como se comportam com os filhos. Quando os pais discutem entre si sobre os filhos, não devem fazê-lo diante deles, sobretudo se observarem comportamentos negativos ("Ele não entende nada, eu falo e ele não me escuta, fale você com ele").

Os pais precisam, portanto, agir como *árbitros imparciais, sem fazer julgamentos, mas atuando como mediadores*, ajudando os filhos a reconciliarem-se e a chegarem a um acordo. Com calma e tom neutro, devem explicar-lhes qual é o melhor modo de enfrentar a situação e encontrar a solução: como expor os vários pontos de vista e respeitar a vez de falar. Se as crianças ainda não tiverem capacidade para isso, então os pais sugerem, por meio de perguntas, como descobrir quais são as divergências: "Por que você quer o controle remoto? E você, por que não lhe quer dar?". Depois de ouvi-las, pedem às crianças que encontrem uma solução, sugerem-lhes uma, ou alguma outra atividade. Dar-lhes atenção e dispensar algum tempo a cada uma delas, individualmente, reduz os ciúmes. Estimular as crianças a dedicarem-se àquilo que cada uma gosta ajuda a cortar as raízes da competição. Mas, se os pais fazem comparações, legitimam a competição e os conflitos que dela surgem.

Antes de tudo, os pais ensinam com o *exemplo*: não se pode pretender que os filhos não gritem e não sejam prepotentes se somos os primeiros a levantar a voz ou a mão. Algumas pesquisas revelaram que os conflitos e a agressividade entre irmãos são proporcionais aos conflitos entre os pais e cada uma delas: quanto mais a mãe ou o pai controla e castiga os filhos durante as brigas deles, mais eles brigam entre si.

Em certas ocasiões os pais devem tomar posição no conflito, como no caso em que um dos dois filhos não tem capacidade de defender-se, ou se com a reconstituição dos fatos os pais perceberem que ambos os litigantes estão errados, ou quando entendem que um deles provocou o outro, buscando um pretexto para agredi-lo ou fazê-lo merecer um castigo. O conhecimento do caráter dos nossos filhos é que nos induz, em certas circunstâncias, a *pedir a um dos brigões que acabe com a discussão* e se retire, cedendo. Pode ser difícil que ele aceite, mas também a renúncia o ajuda a crescer, porque o constrange a sair do seu egocentrismo e o ensina a sentir empatia pelo irmão mais frágil (geralmente, o menor).

Às vezes a intervenção normal dos pais (a repreenda, a mediação, a bronca) pode não ser suficiente e as brigas sejam constantes e cansativas. É preciso então *ajudar os filhos a irem à origem do conflito*, "lendo" em profundidade o estado de espírito deles. Por exemplo: "Quando brincam juntos, é sempre você quem toma as decisões; seu irmão está cansado de obedecer e não quer mais brincar com você nem quer mais emprestar os seus brinquedos". Outras vezes, é preciso ajudar as crianças a reconhecer e enfrentar os próprios sentimentos. Pode ser útil ler histórias em que os personagens fictícios fazem emergir suas emoções negativas nos confrontos com os irmãos.

Isso não vai fazer que as brigas entre os irmãos desapareçam, mas graças à ajuda dos pais os irmãos podem se transformar numa referência mútua.

> Fábio não estava muito entusiasmado com a chegada do irmãozinho. Desde que Marcos foi colocado no berço, tinha a tentação de jogá-lo no chão, mas depois aprendeu a gostar dele. Mamãe e papai explicaram-lhe que é normal sentir-se estranho em relação ao irmãozinho pequeno, e mesmo quando ele estava mais crescidinho e Marcos começou a fazer-lhe provocações, os pais não lhe sobrecarregaram com o fato de ser mais velho. Para o uso da

televisão, por exemplo, estabeleceu-se a regra "uma vez cada um": a decisão do programa a ser assistido é tomada em conjunto por todos e por um de cada vez. Fábio gosta de futebol e às vezes Marcos o provoca justamente durante o jogo. Nesses momentos, a mamãe diz a Marcos que não é certo perturbar o irmão e o papai o distrai perguntando sobre as tarefas da escola. Outras vezes, os dois meninos se entendem maravilhosamente bem! Acontecia, por vezes, que começavam a lutar no sofá e, pulando pra cá e pra lá, acabavam se machucando; a mamãe aceitou a brincadeira, com a condição de não se machucarem: luta, sim, mas no tapete. A mamãe compreendeu que os meninos brigavam de brincadeira: para eles, era divertido rolarem no chão sobre o tapete e dar uns socos, mesmo correndo o risco de se machucarem com algum pontapé ou arranhão, e no final os dois morriam de rir.

CAPÍTULO 3

VAMOS BRINCAR DE QUÊ? IRMÃOS, PAIS E AMIGOS

"Que saco esta minha irmã!", diz Tomás à mamãe. "Ela fica grudada em mim como um carrapato. Não posso convidar meus amigos para brincar aqui em casa, porque ela está sempre no meu pé". Desde que começou a frequentar o ensino fundamental, Tomás fez amizade com uma menina, Carina. Mas toda vez que Carina vem à casa dele, sua irmã Helena, três anos mais nova, quer brincar com eles. Tomás não quer a irmã por perto, mas a mamãe insiste que ele a deixe participar das brincadeiras e, quando isso acontece, Helena só quer saber de brincadeiras de meninas com Carina. Sem falar das muitas vezes que Tomás convida seus amigos para jogar futebol ou videogame! Helena gruda no irmão e não há santo que a faça ir embora. Antes de Tomás ir para o primeiro ano do fundamental, os dois irmãos brincavam juntos com frequência, porque partilhavam de várias amizades, mas agora que Tomás tem muitos amigos novos, Helena se sente excluída e sofre por isso. Tomás também sofre, seja porque a maninha atrapalha suas brincadeiras com os amigos, seja por sentir-se culpado: odeia a irmãzinha por ser invasiva, mas sabe que não é justo. E, como se isso não bastasse, a mãe sempre o repreende.

Brincar juntos

Nas relações entre irmãos, as brincadeiras que fazem juntos têm sempre um lugar muito importante. Embora para os pais possa parecer que vivam brigando, os irmãos passam a maior parte do tempo em brincadeiras.

As brincadeiras entre irmãos têm uma função lúdica, de pura diversão, e também uma dimensão educativa, de aprendizagem. Brincando, os irmãos aprendem a se conhecer e, acima de tudo, a querer-se bem e desenvolver uma saudável cumplicidade. Através das brincadeiras, afinam-se muitas capacidades cognitivas e comunicativas: o irmão caçula aprende por imitação as regras da interação (por exemplo, a sua vez de falar) e o intercâmbio de funções (os jogos de faz de conta, por exemplo, permitem ser uma vez o policial e outra vez o ladrão). O mais velho, por sua vez, pode testar sua capacidade como professor e desempenhar diferentes papéis sociais. Todos, pequenos e grandes, aprendem brincando a exprimir as próprias emoções e entender que os outros também podem expressar as suas de modo diferente. Nas brincadeiras e com os jogos aprendem, também, a desenvolver a sensibilidade em relação ao outro, a seguir instruções que lhes são impostas, a explorar e respeitar as regras.

Um aspecto que incide de modo especial em algumas relações fraternas é a participação na fantasia. Alguns estudos norte-americanos atestam que já aos dezoito meses as crianças podem participar de jogos de ficção (brincadeiras de faz de conta) se forem orientadas por um irmão que se mostre amigável e dê apoio. Nos anos seguintes, aumenta a contribuição criativa de ambos, que se abandonam ao mundo da fantasia e combinam entre si a sequência das brincadeiras. Por exemplo, com frequência, duas irmãs brincam de "mamãe e filhinha". Esse tipo de brincadeira não caracteriza apenas a primeira infância. Aos doze ou treze anos elas se movimentam ainda num mundo fictício, com os mesmos personagens, escondem segredos e delitos, histórias de vidas imaginárias. E parece que os irmãos que participam juntos com frequência das brincadeiras de faz de conta têm maior probabilidade de demonstrar interesse e amizade recíprocos. As crianças empenham-se em assumir diversos papéis sociais (o papai, a mamãe, a professora, o médico), mais frequentemente com os irmãos do que com qualquer um. Dizem os estudiosos que a ficção partilhada pelos irmãos em situação de brincadeira favorece o desenvolvimento cognitivo e emocional: cooperando entre si, os irmãos "treinam" a compreensão de que as pessoas podem ter pensamentos e emoções diferentes. Os irmãos não brincam apenas para fingir: quando dominam melhor a linguagem, a partir da idade pré-escolar, se divertem (e como se divertem!) com brincadeiras verbais humorísticas. Fazer graça e piadas, dizer palavrões, insultos ou repetir palavras representam ocasiões de pura diversão. Com frequência é o irmão mais velho que propõe tais brincadeiras, como forma de transgredir algumas das regras fixadas pelos pais (por exemplo: "Não diga palavrões"). O tipo de brincadeira que os irmãos fazem juntos e a sua complexidade dependem de fatores como o sexo, a ordem de nascimento e a diferença de idade. Por exemplo, numa dupla de irmãos, quem propõe o jogo a fazer é o mais velho. Se o primogênito é menina e o segundo é menino, pode ser o menino a decidir.

É sobretudo quando o caçula aprende a andar que os irmãos descobrem muitas brincadeiras novas. Com o passar do tempo, o mais novo aumenta sua colaboração e torna-se um verdadeiro companheiro no jogo. Entre os três e seis anos, as crianças começam a "brincar juntas", não somente a "ficar perto". A observância do revezamento nos jogos indica que o caçula está saindo do seu egocentrismo. Também o papel de protagonista é exercido em turnos entre os irmãos.

É muito bonito vê-los brincar juntos e descobrir a criatividade, que manifestam com espontaneidade (uma experiência muito difícil com um filho único, que requer sempre a presença e a atenção do adulto para poder brincar). É importante lembrar que, à medida que se desenvolvem, aumentam também as ocasiões de brigas. Os xingamentos são frequentemente causados pela posse de um brinquedo ou pela atribuição de um papel diferente. Além disso, as crianças terão amigos da mesma idade. O mais velho poderá ser tomado por sentimentos de raiva ou ciúmes do irmãozinho por um amigo, também ele, primogênito. O mais novo, por sua vez, se tiver um companheiro de brincadeiras, poderá distrair-se da tentação de perturbar o irmão mais velho e os amigos dele. A mudança de escola de um dos irmãos pode condicionar a relação entre eles. O sucesso escolar e o prazer de fazer novas amizades podem afastar o mais velho do caçula, que, por sua vez, pode demonstrar ciúmes.

É muito importante observar dois ou mais irmãos enquanto brincam juntos. Podem-se obter aí informações únicas sobre o tipo de ligação que os une: estão em sintonia? Decidem juntos o tipo de brincadeira ou um deles domina os demais? Brincam apenas para divertir-se ou para atrair a atenção dos pais e mostrar quem é o mais forte?

Alguns estudiosos afirmam que o fato de as crianças terem irmãos em casa é uma espécie de *treino social*, porque isso representa a oportunidade de fazer experiências de diversos tipos de relações que vão viver mais tarde, quando forem adultos. Em primeiro lugar, o desenvolvimento da capacidade de cooperação: os irmãos se empenham espontaneamente em atividades de colaboração, como nas brincadeiras de faz de conta ou nas tiradas humorísticas. Igualmente importantes são todas as atividades relativas à competição e à negociação.

A rivalidade pode exprimir-se em forma de competição "sadia", como aquela que se exerce nas brincadeiras em grupo, por exemplo, polícia e ladrão. A finalidade dessas brincadeiras é a diversão e não competir para demonstrar quem é o melhor. Pode acontecer também algum bate-boca, em que os oponentes se empenham em encontrar uma solução comum, uma negociação. Por exemplo, quando brigam sobre quem começa a brincadeira e finalmente decidem: "uma vez cada um". Podem encontrar também formas de competição "não sadias", decorrentes da educação dada pelos pais, que os impelem de modo hostil a proclamarem a própria superioridade.

Nas relações entre irmãos, que se situam entre relações criança-pai e relações criança-amigo, há aspectos de *complementaridade* (como acontece com os pais, também o irmão mais velho pode assumir funções de controle do mais novo) e também aspectos de *reciprocidade* (assim como acontece entre os amigos, os irmãos entram em acordo durante as brincadeiras). A complementaridade nem sempre é positiva. É positiva quando os irmãos reconhecem as respectivas diferenças e as aproveitam no revezamento de papéis: a irmã mais forte e confiante faz o papel de mãe, enquanto a mais delicada é a filha. Mas há uma complementaridade na qual não há reciprocidade, quando os pais definem os papéis de cada um: "Você é o mais velho, portanto, o mais capaz, e, por isso, suas decisões são as melhores". Ou então: "Você ainda é pequeno, por isso é melhor deixar que seu irmão decida", e assim por diante, numa ampla possibilidade de combinações que não permitem aos irmãos experimentarem alternativas de comportamento. É essa a complementaridade que, nas brincadeiras, aparece sob a forma de prepotência do maior, que é legitimado ao impor seu ponto de vista por conta do modo como é tratado pelos pais em relação ao caçula.

Irmãos e amigos

Quando não se brinca com os irmãos (ou quando não se têm irmãos), brinca-se em geral com os pais, com os parentes (por exemplo, os primos) e, sobretudo, com os amigos. A importância do brincar com os amigos se percebe no decurso do desenvolvimento da criança: à medida que vai ingressando na sociedade, a criança é estimulada a aproximar-se de seus semelhantes. Também nesse caso é muito importante o papel dos pais que, frequentemente, inibem o impulso para a sociabilidade dos filhos, convictos de lhes bastarem os irmãos, ainda que um só, como companhia suficiente para as brincadeiras. Ao contrário, os amigos também são importantes e não devem ser vistos como concorrentes dos irmãos, mas como companheiros de brincadeiras.

Ter irmãos facilita a relação com os amigos. Numerosas pesquisas revelaram que as relações fraternas criam um precedente positivo para as relações de amizade. Mas o contrário também é verdade.

Não obstante as relações entre irmãos e entre amigos sejam sempre relações íntimas (no sentido de que as crianças conhecem bem tanto os irmãos quanto os amigos) há uma diversidade notável entre eles. Antes de tudo, há a diferença da qual procedem todas as outras: os irmãos não são escolhidos, mas os amigos, sim. Os conflitos entre os irmãos e aqueles com os amigos se distinguem pela base, ou seja, pela maneira como se iniciam, se desenvolvem e se concluem. São diferentes os motivos pelos quais se briga e diferentes os períodos de afastamento após a briga: com o amigo se faz mais rapidamente as pazes, senão se perde a amizade (enquanto a "fraternidade" não se perde jamais).

Pais "treinadores"

No treino social, que é a relação fraterna, qual a atitude que se espera dos pais? Como se deveriam comportar, a fim de que os filhos se tornem autônomos e independentes nas relações sociais no exterior da família, embora sejam muito ligados entre si? O que podemos fazer para que se crie um bom relacionamento fraterno?

Assim como treinadores, os pais *encorajam as interações divertidas e positivas* entre os irmãos. Incentivam a confiança nas próprias capacidades, seja valorizando a sua individualidade, seja a capacidade de estarem juntos. Encorajam a ajuda mútua nas dificuldades e a partilha: cada um respeitando a sua vez e cedendo seus brinquedos, antes de tudo.

Quando o segundo filho é ainda muito pequeno, os pais sentem-se felizes ao ver que o mais velho brinca com ele, oferecendo-lhe objetos para segurar ou mexendo suas perninhas e bracinhos. Tais situações constituem brincadeiras aparentemente simples e inócuas, mas não devem ser subestimadas, pois podem se tornar pretextos desajeitados do mais velho para fazer "mal" ao irmãozinho. Por exemplo, o pequenino tem pouco equilíbrio e o irmão mais velho pode aproveitar-se de uma brincadeira para empurrá-lo e fazê-lo cair. Essas travessuras não deveriam ser julgadas pelos pais, pois, como já vimos, são demonstrações de ciúmes do primogênito, que necessita atrair a atenção deles. Os pais devem estar presentes, para acompanhar o filho mais velho *sem se tornarem inconvenientes*, fazendo-o sentir-se importante ("Veja, seu irmão gosta de brincar com você", "Você leva mesmo muito jeito, sabe lidar bem com seu irmãozinho"). Essa atitude é fundamental. Desse modo, o caçula ficará protegido de perigos reais e o mais velho se sentirá afeiçoado a ele.

Em alguns momentos do desenvolvimento do segundo filho pode acontecer que o irmão mais velho se recuse a brincar com ele, porque se aborrece com a incapacidade do pequenino: este não entende o que o mais velho lhe diz para fazer, ou torna inúteis seus esforços. O mais novo, porém, não se dá por vencido. Está como que hipnotizado pelo irmão, a quem admira e segue por toda parte.

Quando os irmãos brincam juntos amigavelmente, é bom elogiá-los também diante de estranhos. Também é bom demonstrar apreço quando eles brincam de faz de conta e quando colaboram para que o jogo dê certo, mas sem os forçar a brincarem juntos. Os pais deveriam ouvir as queixas dos irmãos maiores quando os mais novos invadem o espaço deles no jogo.

Por vezes acontece de o irmão mais novo se apossar dos brinquedos do mais velho, que pede ajuda à mãe. Porém, a mãe geralmente toma o partido do mais novo, dizendo: "Deixe, ele é pequeno, vai brincar um pouquinho e depois largar". O resultado é que o mais velho vai para o seu quarto e o outro faz um pandemônio. Seria mais justo que a mãe os fizesse perceber que é interessante brincar juntos ou emprestar os brinquedos um do outro. Se o brinquedo em questão for um videogame ou um jogo de mesa, ensinar os meninos a respeitar a vez de cada um.

A competitividade na posse dos brinquedos pode ser causada pelos próprios pais que demonstram, através do próprio comportamento (seja verdadeiro ou falso), que têm preferências. Quando se compram brinquedos para os filhos, de fato, tem-se a tendência de antecipar as queixas deles. E talvez se diga: "Jorge, comprei para você um carrinho igual ao do seu irmão". Dessa maneira, chama-se a atenção das crianças para os brinquedos recebidos, para verificar se são de fato iguais.

É bom que cada irmão tenha amigos da mesma idade com quem possa brincar. *Facilitem-lhes brincar com os amigos*, também fora de casa; encorajem as experiências individuais e não pretendam que brinquem sempre juntos.

É certo que não faltarão brigas: o segundo filho sempre vai querer se meter nas brincadeiras do irmão mais velho com os amigos dele, sobretudo se forem do mesmo sexo. Faça que também o caçula tenha seus próprios amigos, e ao mesmo tempo transmita segurança, dizendo que o irmão mais velho gosta dele, mas precisa passar algum tempo só com os amigos.

Nas ocasiões alegres, nas quais existe coesão entre os irmãos, é comum usarem expressões vulgares e palavrões. Para eles, os palavrões são uma maneira de afirmar a própria união e também de experimentar o seu efeito nos pais. Procurem impor um limite ao uso desse linguajar e ser firmes se as reprimendas são ignoradas. Atenção, porém, se eles dizem palavrões demais, pois pode ser que os tenham ouvido tantas vezes que lhes pareça algo natural.

> Tomás começou o ensino fundamental e logo fez muitos amigos novos. Enquanto estava na educação infantil, seus ex-colegas de classe iam com frequência à sua casa e brincavam todos juntos, inclusive a pequena Helena, sua irmã mais nova. Mas agora Tomás não quer incluir Helena nas brincadeiras com os amigos, principalmente quando Carina, sua nova colega de classe, está presente. Por duas ou três vezes Helena tentou brincar com Carina, mas Tomás não quer "dividir" sua nova amiga com ela. Por sorte, a mamãe entendeu sua necessidade de ter amizades só dele. Um dia, Helena estava chorando porque o irmão lhe dissera para não se intrometer e ir brincar em outro lugar.

Tomás ouviu a mamãe dizer: "Você tem seus amigos e ele tem os dele. É importante agora que cada um de vocês tenha amigos da própria idade". Nos fins de semana, porém, quando os amigos não vêm à casa de Tomás, ele volta a brincar com Helena como faziam antes. Nas férias, por exemplo, ele a deixou jogar o novo videogame que seus amigos lhe deram de presente. E juntos eles se divertiram a valer!

CAPÍTULO 4

AFETO E INTIMIDADE: EXCLUSIVIDADE DO AMOR FRATERNO

Ângela e Sofia são confundidas por todos como irmãs gêmeas, porque têm apenas dez meses de diferença e nasceram no mesmo ano, mas, na realidade, são muito diferentes. Ângela, a mais velha, é muito sociável e alegre, ao passo que Sofia é muito reservada e fechada. Frequentam a mesma classe e fazem as lições juntas. Também dormem juntas: quando Sofia nasceu, papai e mamãe colocaram mais um bercinho no quarto de Ângela. Agora que elas têm um irmão, são ainda mais unidas, também porque os pais com frequência as deixam sozinhas, com a recomendação: "Ângela, você, que é a mais velha, cuide de sua irmã". As duas meninas falam de tudo e com frequência usam uma linguagem estranha, meio cifrada, que lhes permite conversar sem serem entendidas pelos pais. A mamãe tem um pouco de ciúmes da ligação das duas meninas e com frequência as censura por causa desse modo secreto de comunicação. E decidiu que no próximo verão elas vão se separar um pouco: Ângela ficará com os avós maternos e Sofia, com os paternos.

Um amor especial

Quem não leu as fábulas dos Irmãos Grimm? *Irmãozinho e irmãzinha, Neve Branquinha e Rosa Vermelha* ou, a mais conhecida, *João e Maria*? Ou então as histórias em quadrinhos *Peanuts*, em que Charlie Brown é o "irmãozão" que ajuda a irmã Sally nos deveres? Esses são exemplos de que ter um irmão permite experimentar atitudes de cuidado como um interesse primordial, a lealdade como espontânea e a dedicação total ao outro.

Falando de brincadeiras entre irmãos, já vimos que as relações entre eles são tão complementares quanto recíprocas. Assim como acontece com os pais, também ao irmão mais velho, mais maduro do ponto de vista evolutivo, podem ser designadas tarefas de cuidado em relação ao mais novo. Os irmãos reconhecem (mesmo sem o dizer abertamente) as respectivas particularidades e atribuem-se papéis no interior da família exatamente com base nesse acordo tácito. A irmã mais expansiva será aquela de quem se espera que cumprimente as visitas. A mais introvertida, mas tenaz, deverá cuidar da vovó doente. Essa divisão de tarefas, que se baseia no reconhecimento das suas diferenças, é muito importante, e a educação dada pelos pais é fundamental para isso. No entanto, com frequência os pais assumem uma postura preconceituosa em relação às características dos filhos, isto é, às capacidades deles. Ao dizer: "Você será forte como seu pai e por isso deverá tomar conta de seu irmão, que é mais fraco, como a sua mãe", ou então: "Você é o mais inteligente, o que vai melhor na escola", e coisas do tipo, os pais não ajudam os filhos a assumirem papéis diversos de modo espontâneo e autônomo.

Apego e cuidado

A dimensão afetiva das relações entre irmãos é significativamente positiva, ao menos em comparação com o aspecto negativo do conflito. Os irmãos têm gestos afetuosos, ajudam-se em situações de perigo e dificuldade, oferecem conforto e segurança mútua. Muitas vezes parece que o fato de um cuidar do outro cria verdadeiros e fortes laços de apego entre eles. Dizer que uma criança é apegada ao irmão equivale a dizer que ela é fortemente disposta a ser próxima e companheira, sobretudo em situações especiais, por exemplo, se ele está angustiado, assustado, cansado ou doente. Aquele que cuida investe emocionalmente no outro, lhe quer bem, sacrifica-se por ele e não quer separar-se dele nunca.

Em alguns casos, os irmãos mais velhos assumem com empenho e responsavelmente o papel de ajudante dos pais.

Charlie Brown, ao ser informado do nascimento de sua irmãzinha, sai de casa gritando de felicidade e tropeçando a cada pouco; impulsivamente, ele grita: "Sou pai!", ainda que de imediato se corrija. Com o passar do tempo, não ficará o tempo todo feliz com a presença de Sally, especialmente quando for preciso renunciar ao jogo de beisebol para levar a irmãzinha para passear.

Os irmãos mais velhos, mesmo quando não são explicitamente incumbidos pelos pais, tendem a assumir voluntariamente o papel de cuidadores dos irmãos menores. Isso é verdade, sobretudo nas populações e nas culturas em que os irmãos maiores têm essa responsabilidade, como, por exemplo, na África ou nos países industrializados, onde as irmãs mais velhas são envolvidas na educação dos irmãos menores desde a primeira infância, sobretudo nas famílias numerosas.

A regra "a irmã mais velha cuida dos irmãozinhos" não é aplicada, porém, de modo rígido. Conforme o tamanho da família, das suas dinâmicas internas e do temperamento das crianças envolvidas, pode contar mais a ordem de nascimento (ser "mais velho") do que o sexo (ser "menina"). Em geral, o cuidado é assumido pelo irmão mais velho ou pela menina.

Leiamos um trecho desta carta:

> Este ano é terrível e este mês é o mais terrível deste ano terrível. Não consigo ficar em paz: estou desesperado. Eu amo muito, desesperadamente, a minha família que vir-

tualmente fiz há treze anos, e que agora se desfaz, para sempre. Eu continuo apegado a vocês duas: às vezes sinto-me tomado de acessos de fúria, só de pensar que uma de vocês, friamente, se vai e me despedaça o coração, se vai deixando-me quase morto em meio aos destroços dos meus interesses, da minha glória, do meu futuro, de tudo!

Parece escrita por um namorado à sua amada. Mas foi escrita pelo poeta italiano Giovanni Pascoli a Maria, sua irmã mais nova. E aquela que "friamente" se vai e lhe despedaça o coração é Ida, a outra irmã. O que terá ela feito para levar o irmão a tal estado de desespero? Simplesmente está se casando. Na carta de 1895, ano do casamento de Ida, Pascoli revelava os sentimentos por uma e por outra irmã: dois laços exclusivos, violentos, torturados pelos ciúmes, algo que normalmente não se vê em um núcleo familiar, mas assemelham-se ao amor de um casal, e que talvez, no caso deles, possa ser explicado pela série trágica de mortes de seus pais e irmãos. Ainda assim, demonstra que o apego entre irmãos pode ser forte a ponto de fazer pensar num amor maior do que o que se manifesta habitualmente, sobretudo se forem órfãos e se tornarem a única fonte de apoio afetivo.

É no período de estresse, sobretudo, que os irmãos conseguem dar um importante suporte emocional: por exemplo, quando as relações entre os pais se enfraquecem e se desfazem até chegar ao divórcio, podem voltar-se um ao outro para estarem juntos, para se protegerem. A relação com os irmãos pode representar o único laço de continuidade e parece ser benéfica, seja para quem oferece, seja para quem recebe apoio. O apego é um laço afetivo íntimo, profundo e recíproco.

Dois irmãos nunca veem as mesmas coisas do mesmo modo, mas cada um é testemunha de ações que dizem respeito aos outros. Partilham da "história subterrânea da família percorrida sob a fiação dos afetos" (tal como os protagonistas do curioso romance de Gene Gnocchi, *Stati di famiglia* [Estados de família]). A partilha das recordações funciona como cimento, que mantém juntos os tijolos, ainda que muito diferentes entre si.

Confiança e intimidade

Diversas pesquisas constataram que os irmãos passam mais tempo juntos por conta própria do que com os pais, se não por outras razões ao menos porque em geral partilham o mesmo quarto. A partilha cotidiana dos espaços leva as crianças a assumirem mais abertamente a intimidade e a construírem uma relação muito intensa. Serem obrigadas a conviver no mesmo quarto pode ser causa de brigas e conflitos, mas também pode ser oportunidade de aprender a partilhar, a respeitar o outro e a estar perto dele. As confidências feitas no escuro, precedendo os momentos de adormecer, são lembradas pelo resto da vida. Os diálogos são caracterizados por histórias engraçadas, situações divertidas, mas também por confissões de sentimentos vividos, nascidas do fundo da alma.

Durante a adolescência, mesmo que os amigos de longa data sejam os confidentes preferidos, o fato de ter irmãos pode constituir um importante recurso afetivo que facilita o processo de separação das figuras do pai e da mãe e a construção de uma identidade autônoma. Confidenciar-se com um irmão pode ser mais eficiente para o enfrentamento de estresse do que com um amigo. A diferença vem, sobretudo, da história comum. Ainda uma vez, existem diferenças decorrentes do sexo dos irmãos. Parece que as irmãs se sentem muito mais envolvidas do que os irmãos nas relações fraternas, dialogam sobre assuntos mais íntimos, abrem-se mais. Nas famílias em que há somente homens, ao invés, as relações parecem mais distantes, ao passo que nas famílias que têm irmãs, a qualidade das relações é melhor, graças exatamente às confidências (e também às fofocas) femininas.

Desde a primeira infância, a intimidade entre os irmãos não se exprime apenas com manifestações físicas de afeto: a partilha de palavras e gestos pode levá-los a criar uma linguagem secreta, compreensível apenas entre eles. Anos atrás, conheci uma dupla de irmãos em que o mais novo, de três anos, se expressava com palavras incompreensíveis para os adultos, tanto que se suspeitava de um distúrbio de linguagem. No entanto, o irmão de sete anos o compreendia muito bem!

Lembremos que a separação de quem cuida de nós provoca uma grande angústia. As crianças pequenas dão sinais de desagrado quando se afastam tanto da mãe quanto do irmão mais velho. No entanto, aquele que possui um irmão mais velho sensível e atento, se aventura mais na exploração do ambiente.

Os pais que "cuidam"

Como se ensina os próprios filhos a cuidarem uns dos outros? Primeiro, cuidando deles nós mesmos e então os estimulando a fazerem o mesmo.

As relações entre irmãos são medidas pelas atitudes dos pais. A *disponibilidade emocional*, ou seja, o fato de que os irmãos entendem e interpretam adequadamente a comunicação de emoções e estado de espírito deles ("Meu irmão é feliz"; "Minha irmã precisa do meu apoio") depende do modo como os pais falam sobre os filhos com eles mesmos. Por exemplo, alguns estudos documentaram que é importante que a mãe, dirigindo-se ao filho mais velho, fale do recém-nascido de modo a fazê-lo ser visto já como uma "pessoa". Explicar que o bebê não é uma "coisa" nem um "extraterrestre", mas uma pessoa pequenina, um indivíduo com sentimentos, ajudará a criança a estabelecer relações mais afetuosas e, sobretudo, mais empáticas. *Estar envolvido no cuidado* do caçula atenua o sentimento de exclusão do primogênito. Ele se sentirá útil e se habituará a perceber as necessidades do outro.

Uma vez mais, é importante que os pais sejam os primeiros a demonstrar *atitudes afetuosas* e não hostilidades no seio da família. Assistir aos conflitos dos pais torna-se uma fonte de apreensão para as crianças, porque podem começar a aprender que a hostilidade é uma resposta apropriada. E ainda, quando vivem numa casa sem harmonia, há maior possibilidade de desenvolver relações hostis e agressivas com os irmãos, o que não acontece com crianças que vivem em famílias harmoniosas.

Falando sobre apego, viu-se que os irmãos mais disponíveis para confortar os irmãozinhos são aqueles cujos pais também estão disponíveis para eles. É como dizer que os pais representam *um porto seguro* do qual se pode partir para explorar outros tipos de relações, mas somente na condição de que se tenha a segurança de reencontrá-los na volta. Essa segurança, somente os pais podem dar, com uma atitude afetuosa e sensível.

Nada de comparações! Ao contrário, é preciso valorizar as diferenças e sobre estas basear o afeto e a força da união: os filhos são diferentes e, juntos, podem compensar e apoiar-se mutuamente. Mas isso não significa que os primogênitos possam ser pressionados para que cuidem dos mais novos e brinquem com eles. É necessário deixar que o filho maior ajude espontaneamente o menor. A observação do comportamento dele nos dará ocasião de elogiá-lo quando ele ajudar.

Seria bom não exprimir opinião sobre um filho na presença de outro, em alguns casos são as próprias crianças que nos obrigam a fazê-lo. Por exemplo, quando nos vêm contar alguma coisa que foi dita ou feita. Nesse caso, é preciso ouvir o pequeno que fala, mas *não unir-se a ele contra o irmão*. Sem dar opinião, os pais deveriam estimular o filho a refletir sobre as motivações do comportamento do irmão. Também quando nos revelam um segredo que descobriram em suas confidências noturnas ("Sabe, mamãe, Rita tem um namoradinho"). Mostremo-nos neutros, sem deixar transparecer emoção alguma e façamos compreender que a confiança de um irmão jamais deve ser traída, nem mesmo para ganhar um lugar de destaque aos olhos dos pais. Os irmãos precisam compreender que a relação entre eles é única e diferente de qualquer outra. Não é uma continuação, nem é menos importante do que a que se têm com os pais. No que nos diz respeito, as confidências entre nossos filhos não devem nos fazer sentir excluídos, ao contrário, devemos ficar orgulhosos de eles se quererem bem, confiarem um no outro, poderem contar um com o outro. Se a ligação entre eles for exclusivista a ponto de deixar-nos de fora (por exemplo, porque usam de uma linguagem cifrada), devemos comportar-nos *como se eles fossem gêmeos*: tenhamos uma relação única com cada um deles, mas não os separemos a força, nem aviltemos o seu estar bem juntos.

Com o tempo, as amizades e os interesses diferentes ampliarão os limites de suas relações sem as diminuir. Por fim, se a intimidade entre eles nos parece excessiva, também do ponto de vista físico, então é hora de nos interrogarmos sobre o nosso papel de pais, se "estamos" realmente com eles ou se os estamos obrigando a fazer por si mesmos.

Ângela tinha apenas um mês de vida quando a mamãe engravidou de Sofia, e quando ela nasceu era muito pequena para sentir ciúmes. As duas dormem no mesmo quarto e, com frequência, até na mesma cama, sobretudo quando Sofia, a mais medrosa, tem um pesadelo ou sobrevém um temporal. Às vezes, Ângela também sente medo e então as duas correm para a cama do papai e da mamãe, mas em geral elas conseguem encorajar-se uma à outra, talvez contando historinhas divertidas. Desde que nasceu o irmãozinho caçula, elas se envolveram nos cuidados dele como se cuidassem de um boneco. A mamãe, sempre presente, as supervisiona, enquanto elas lhe dão banho e conversam sobre como passar a pomada ou trocar a fralda. Ela se alegra e elogia o afeto que nutrem uma pela outra e pelo irmãozinho. Às vezes, papai e mamãe se sentem excluídos desse laço que une as meninas, pois parece até que elas não precisam mais deles. Mas, depois, consideram a maneira particular que elas têm de procurá-los, Ângela preferindo o colo da mamãe e Sofia o do papai, rindo dos ciúmes deles.

CAPÍTULO 5

IRMÃOS, "MESTRES" DE VIDA: A INFLUÊNCIA POSITIVA DOS IRMÃOS

Alice está sempre com a cabeça nas nuvens. Seus pais lhe deram esse nome porque desde o primeiro dia de vida parecia sonhar com "o país das maravilhas". Ela não é muito boa nos estudos e prefere dançar. Quando volta da aula, fica com as sapatilhas até de noite e, com um olhar sonhador, talvez imagine fazer parte de uma importante companhia de balé. Alice tem um irmão mais velho que ela, Albert. Sim, sem o "o" final. Desde que nasceu, os pais perceberam que ele se tornaria um gênio, exatamente como Einstein. Disseram-lhe tantas vezes "Você é o menino mais inteligente do mundo!" que, de tanto ouvir, ele realmente se convenceu disso. Quando a irmãzinha pede-lhe que a ajude na lição de matemática, ele caçoa: "Eu era mais esperto quando tinha a sua idade. Você é muito burrinha. Não entende nada". Se Alice não fizesse balé ficaria desesperada, e sabe que não pode contar nem mesmo com a ajuda dos pais. Na noite passada, diante de todos, a mamãe lhe disse: "Por que você não é inteligente como o seu irmão?".

Os irmãos e o desenvolvimento

Gritos e bate-bocas costumam impedir que os pais vejam o lado positivo da interação entre os irmãos e o fato de eles aprenderem uns com os outros. A influência que cada um pode ter no desenvolvimento do outro, assim como no cuidado mútuo, não segue regras: não é somente o irmão mais velho que ajuda o caçula a fazer sua lição, por exemplo. Os irmãos maiores são, em geral, imitados pelos mais novos, mas às vezes os papéis se invertem. Não só a proximidade de idade e a afinidade de caráter, mas também o comportamento dos pais com cada um deles pode levar tanto a um equilíbrio nos conflitos e brigas como à partilha positiva de brincadeiras e experiências.

Competência social e altruísmo

Os irmãos podem desenvolver um papel importante no desenvolvimento socioemotivo, sobretudo os mais velhos no que diz respeito ao crescimento e à inserção social dos irmãos menores. Os filhos mais novos são, em geral, mais "simpáticos", no sentido que são mais populares entre as crianças da mesma idade e têm mais amigos, provavelmente porque aprenderam logo a interagir, a assumir compromissos e a negociar com os irmãos mais velhos – mais fortes e "poderosos" dentro da família. Vimos que mesmo a partir das brigas se podem extrair importantes ensinamentos: brigando e discutindo, para encontrar uma solução, os irmãos aprendem a conhecer-se e a desenvolver as próprias capacidades em âmbito social.

Em algumas famílias, os irmãos têm relações muito semelhantes e a interação positiva, que leva a confiar uns nos outros e a falar dos próprios sentimentos, desenvolve uma função de facilitação. As brincadeiras de faz de conta e a partilha do estado de espírito entre os irmãos contribuem para que as crianças desenvolvam a habilidade de compreender as emoções dos outros.

Como consequência também há uma disponibilidade maior de uns para com os outros: quem tem irmãos parece cumprir maior número de *comportamentos pró-sociais*. Esse termo compreende altruísmo, empatia, reciprocidade, equidade, partilha e comportamentos que objetivam beneficiar os outros. A empatia, de modo particular, permite entrar em sintonia emocional com outra pessoa e compreendê-la melhor. É uma competência social fundamental, que se adquire desde os primeiros meses de vida e se aperfeiçoa com o desenvolvimento: os bebês demonstram ser sensíveis a ponto de chorar como que por contágio diante do sofrimento dos irmãos que choram perto delas. Com cerca de um ano, eles têm reações mais complexas de angústia às emoções dos outros, como franzir a testa.

Entre doze e dezoito meses, o bebê tem iniciativas positivas em relação ao irmão que sofre, emitindo sons, aproximando-se fisicamente e tocando-o. Após os dois anos de idade, observam-se esforços notáveis para aliviar o sofrimento do irmão, procurando ajuda, levando para ele objetos e oferecendo-lhe conselhos. E se por acaso uma tática não funciona, experimenta outra. As crianças e os adolescentes são empáticos e altruístas, especialmente quando os pais demonstram valores altruístas e praticam o que falam.

Além dos pais, também os irmãos podem exercer a função de modelo social. Se os irmãos mais velhos mantêm um comportamento amigável e cooperativo, em vez de agressivo e competitivo, com os irmãos mais novos, estes praticam mais comportamentos pró-sociais. O principal mecanismo que faz dos irmãos "mestres" perfeitos é a imitação.

Imitação

Aquilo que os pais com mais filhos podem observar "a olho nu" confirma-se por inúmeras pesquisas: as crianças pequenas imitam os irmãos. Já dos doze aos vinte e quatro meses os bebês imitam os irmãos maiores, repetindo as ações que os viram fazer ou usando os brinquedos que os maiores abandonaram. Se os irmãos menores imitam os maiores, estes últimos escolhem os pais, ou outros adultos, como modelos para aprender as regras sociais, e prestam pouca atenção aos irmãos menores. Atenção, porém com os adolescentes! A partir dessa etapa, se os filhos são do mesmo sexo e têm pouca diferença de idade entre si, cada um servirá como referência para o outro, "copiando" o modo de vestir, de falar, e até de comer! Os pais de filhos adolescentes sabem disso: se uma filha mais velha começa um regime para emagrecer, a mais nova a imitará e se recusará a comer alguns alimentos.

Quando o frágil equilíbrio se quebra, pode acontecer que um filho não imite mais o outro e adote comportamentos e atitudes diferentes. É como se os irmãos se propusessem a assumir identidades opostas. Tal processo é definido como "ramificação": o irmão menor, embora continue a ter o maior como referência, assume uma postura que vai em direção oposta, como os ramos de uma árvore.

As relações entre os irmãos tornam-se mais equânimes durante a adolescência. É verdade que os irmãos fazem parte da família da qual querem conquistar independência, que estão cada vez mais imersos na vida em grupo com os amigos e nas primeiras histórias sentimentais, porém os irmãos continuam a ser percebidos como companheiros importantes e íntimos. Ainda que a infância tenha sido turbulenta, a adolescência dos irmãos é permeada de demonstrações de afeto e conforto.

Ajuda nos deveres

Os irmãos mais velhos são "mestres" dos menores mais do que indiretamente, propondo-se como modelos a serem imitados, mas também de maneira objetiva, transmitindo uma grande quantidade de competências.

Em situações lúdicas, os irmãos maiores tendem a instruir os irmãos menores. No jogo simbólico de *escolinha*, por exemplo, costumam assumir o papel de *professores* e o exercem como "verdadeiros" mestres, ajudando os irmãozinhos na leitura ou na escrita. Pesquisas revelam que, depois da mãe e do pai, são os irmãos quem mais ajudam nos deveres de casa. Os pais podem achar que os primogênitos não desfrutam da importante experiência de receber ensinamentos de um irmão. Na verdade, constatou-se que ao ensinar os irmãos mais novos, os irmãos mais velhos também obtêm melhoras notáveis no seu rendimento escolar, maiores do que os colegas que não tiveram ocasião de ensinar irmãos mais novos.

Também nesse processo de ensino entre irmãos os pais podem assumir um papel muito importante. Entre os rótulos que os pais usam para comparar os filhos, são numerosos aqueles que se referem ao desempenho escolar. Eis alguns exemplos: "Na sua idade, seu irmão era mais estudioso do que você"; "Você não é tão disciplinado como sua irmã". São frases breves, mas que podem criar uma longa história de insegurança e desamor para consigo mesmo, para com os pais que as dizem ou os irmãos.

Quando os pais não alimentam competições entre os irmãos, mas os encorajam a ajudarem-se reciprocamente, tanto os mais velhos quanto os mais novos podem beneficiar-se cognitiva e afetivamente (queremos bem a quem nos ajuda!).

Pais "incomparáveis"

As crianças observam-se atentamente, seja com a intenção de imitar e de constituir-se modelos um do outro, seja para descobrir quais são os comportamentos censuráveis, ou, ao contrário, apreciáveis pelos pais. Por isso, os pais deveriam *manter comportamentos pró-sociais*, bem como premiar os filhos que os mantêm espontaneamente. Atenção sobre como nos comportamos: nossos filhos nos observam e são muito espertos em desmascarar-nos ("Papai, por que devo ajudar o Lúcio no dever de casa, se você nunca ajuda a mamãe nos serviços domésticos?").

As *características próprias* de cada filho deveriam sempre ser *vistas de modo positivo*. É melhor dizer: "Parabéns por se esforçar em fazer o melhor possível" do que dizer "Você deveria ter se saído melhor". Os resultados obtidos pelas crianças podem não ser bons, mas nem por isso devem ser desvalorizados. Os filhos são sempre melhores do que as notas que tiram.

Nenhum pai ou mãe escolheu os próprios filhos, nem eles puderam escolher seus pais. Por isso, é importante saber acolher e aceitar-se reciprocamente, fazendo o melhor para tornarem-se um verdadeiro "time". Os pais, como "treinadores" do "time", aplicam a regra: "Um por todos e todos por um". Isso significa que todos têm os mesmos direitos e deveres. Ninguém é melhor do que o outro. Por isso, *é errado usar rótulos* que manifestam comparações entre os nossos filhos. Os rótulos revelam tais comparações que, de uma parte, legitimam a prepotência e a arrogância de quem é o preferido e, de outra, destroem a segurança do outro, que se sentirá desvalorizado.

A partir do período escolar, as crianças são extremamente sensíveis às comparações no interior da família, e é provável que isso lhes influencie a autoestima (o sentimento que têm de seu valor e competência). É compreensível também que o desenvolvimento do senso de identidade esteja muito ligado a esses processos de comparação. Quando se fala às crianças sobre os irmãos delas, seria preciso evitar os superlativos, tais como: "Seu irmão é o melhor em matemática". Isso tem um efeito irreversível na autoestima de quem pensa: "Se ele é o melhor, eu não tenho como alcançá-lo. Por mais que me esforce, jamais serei bom como ele". Frases do tipo: "Você é um campeão" ou "Você é o número um" podem surtir o mesmo efeito negativo. Quem as ouve, sente-se autorizado a tornar-se arrogante e egocêntrico por sua suposta superioridade, ao passo que o irmão com quem ele é comparado se sentirá aviltado, frustrado. É mais fácil que os filhos colaborem e se ajudem mutuamente se *não se enfatiza demais a distância existente entre eles*: "Você que prefere matemática, ajude seu irmão que é louco por futebol. Se o ajudar nos deveres escolares, ele pode ensinar você a bater pênaltis". Isso soa muito melhor do que dizer: "Você sabe que seu irmão não entende nada de matemática, porque está sempre jogando bola. Dê uma força a ele, por favor". Seria melhor deixar que os filhos mais velhos ajudassem os menores espontaneamente, e não porque foram obrigados pelos pais. É melhor elogiá-los quando se ajudam espontaneamente do que chantagear propondo que ajudem como condição para obter algo que desejam ("Se você ajudar seu irmão, eu compro para você..."). Se os pais quiserem firmar um "pacto" desse tipo, é melhor então envolver todos os filhos e sugerir a cada um deles um comportamento-objetivo, mediante o qual obterão alguma coisa. Dessa forma, todos são colocados no mesmo plano e devem fazer algo pelos demais.

Os filhos menores devem compreender, por sua vez, que são apreciados por aquilo que são e não pelo relacionamento que têm com os irmãos. A fim de entender o quanto o encorajamento é importante para a autoestima, experimentemos recordar a nossa própria infância. Quanto sofríamos quando destacavam nossos defeitos em vez de nos elogiarem por nossos méritos! Se o caçula nos fala de como se sente por ser obrigado a seguir o exemplo do irmão mais velho, vamos dar-lhe segurança e fazê-lo entender que é comum as pessoas que não nos conhecem usarem os nossos conhecidos como referência: por exemplo, a professora conhece o irmão mais velho e se baseia em como ele era para aproximar-se do menor. É preciso fazer entender que as comparações feitas pelos outros não são feitas pelos pais, para quem todos os filhos têm o mesmo espaço no seu coração.

Alice é uma menina que vive com a cabeça nas nuvens. Adora dançar, mas não gosta muito de estudar. No início escolar, teve alguma dificuldade com o estudo de linguagem, mas a mamãe deu uma mãozinha e agora está indo bem melhor na leitura e na escrita. A mamãe sempre a encoraja. Ela diz: "Sei que não gosta das tarefas escolares, mas você está melhorando, e o papai e eu estamos muito orgulhosos de seu esforço". Seu irmão Albert é ótimo na escola e está um ano à frente. Faz os deveres escolares em meia hora e depois ajuda a irmãzinha. Certamente, não todos os dias, porque tem seus amigos e o futebol, mas principalmente em relação à matemática, Alice não saberia como se virar sem a ajuda do irmão. E, além do mais, não é verdade que ele seja bom em tudo: ele não sabe dançar e isso diminui bastante a diferença, não é mesmo?

CAPÍTULO 6

IRMÃOS NO ESPELHO: OS IRMÃOS GÊMEOS

Catarina e Carolina têm cinco anos e são gêmeas idênticas. Quando nasceram, Carolina teve de passar um tempo na incubadora, pois era muito pequenina, ao passo que Catarina pôde ir para casa com os pais. Talvez essa separação forçada tenha condicionado o estilo de educar da mamãe e do papai, que conhecem a simbiose que se diz existir entre gêmeos. Para compensar a mágoa que eles pensam existir entre as meninas, devido à separação precoce, fazem que as irmãs estejam sempre juntas e as vestem sempre igual. Não há brinquedo comprado para Carolina que não seja idêntico ao de Catarina. Para todos, as duas meninas são "as gêmeas". Qualquer coisa se diga ou se faça, jamais se referem a uma sem referir-se também à outra. Apesar da idade, as duas meninas não falam normalmente, mas usam uma fala incompreensível. Elas passam a maior parte do tempo sozinhas, inventando personagens imaginários aos quais fazem dizer palavras inventadas ou fora de contexto. "Vamos preparar comidinha para as bonecas", para elas é: "Tite papa, nham, nham".

Uma dupla, em lugar de cópias

O nascimento de gêmeos tem sempre um quê de misterioso, sobretudo se as crianças são idênticas, a ponto de serem confundidas. Sabemos que há dois tipos de gêmeos: aqueles concebidos de um mesmo óvulo, com o mesmo patrimônio genético, idêntica fisionomia e também do mesmo sexo. São os gêmeos idênticos ou univitelinos. E há também gêmeos nascidos de dois óvulos diferentes, e que por isso podem ser de sexo diferente e não terem o mesmo patrimônio genético, como dois irmãos normais. São os gêmeos fraternos ou bivitelinos. Geralmente, quando se fala de gêmeos, faz-se referência aos primeiros, ou seja, aos univitelinos, tanto que há não muito tempo, para defini-los, se usava a expressão gêmeos "verdadeiros" e dos bivitelinos se dizia gêmeos "falsos".

Diante de dois gêmeos idênticos, sentimos um misto de curiosidade e inquietação: temos sempre medo de errar, de confundi-los na sua identificação, e também sermos enganados por eles, que de tão iguais podem trocar de lugar em diversas situações. Os professores, por exemplo, temem que, nos casos de gêmeos idênticos, o mais esperto e estudioso se apresente para uma prova no lugar do outro, menos aplicado. No entanto, superando esses temores, a um olhar mais atento será fácil notar que os gêmeos jamais se parecem completamente, nem mesmo do ponto de vista físico. Da semelhança biológica não surge, automaticamente, a semelhança psicológica, pois sobre esse aspecto da personalidade a educação familiar e o ambiente de vida exercem uma influência determinante. O fato de viverem juntos leva a diferenças que nascem da presença recíproca e de como essa presença é vivida e gerenciada pelos pais e pelo resto da família. Muitos pais, sem perceberem, atribuem papéis diferentes aos gêmeos e os tratam de acordo com eles, como veremos.

No início foi o "método dos gêmeos". Era o último decênio do século XIX, quando os pesquisadores comparavam os gêmeos idênticos com os fraternos, ou os univitelinos crescidos juntos com os crescidos separadamente. Essas comparações revelaram aspectos muito importantes da relação hereditariedade-ambiente (por exemplo, quais efeitos do ambiente se manifestam, sobretudo, no rendimento escolar, no qual a hereditariedade conta pouco) e sublinharam as dinâmicas emocionais dos gêmeos.

A *gemelologia* é a área de estudos que se ocupa especificamente das características dos gêmeos: conhecer melhor os gêmeos pode esclarecer também as relações existentes entre irmãos. Sabemos bem que no interior dos laços fraternos é normal que haja proteção, cumplicidade, ternura, mas também ciúmes, competição, raiva, agressividade, conflito e sentimento de culpa. Tais sentimentos existem também nos gêmeos que são considerados mais como duas cópias de um mesmo indivíduo do que como dois indivíduos diferentes que formam uma dupla.

A expressão *dupla excessiva* se deve a René Zazzo, um dos maiores estudiosos dos gêmeos. Antes de tudo, *dupla*, porque para todos os efeitos os gêmeos são considerados uma dupla, uma unidade existencial complexa em que cada um exerce seu próprio papel. *Excessiva*, ao contrário, porque os gêmeos são um caso extremo de uma situação comum de dupla. Referindo-nos à relação entre irmãos, por exemplo, os gêmeos representam um caso extremo, porque neles se anulam as diferenças decorrentes da ordem de nascimento. Entre os gêmeos, há uma intimidade que, antes de ser emocional, é física: observando-os atentamente, descobriu-se que mesmo os gêmeos não idênticos brincam com as respectivas placentas e se tocam no útero materno. Desde muito pequeninos se acalmam se forem colocados juntos e os pais, por comodidade no atendimento, frequentemente os deixam dormir juntos, contribuindo assim para a evolução da intimidade física para a intimidade psicoafetiva. Os gêmeos se entendem melhor e mais rapidamente do que qualquer outra pessoa. Durante toda a infância os laços que criam entre si lhes dão uma sensação de segurança, tanto assim que podem comportar-se, em comparação com outras crianças, como uma pequena *gangue* autossuficiente. Já entre os dezessete e os vinte meses os gêmeos podem aliar-se contra outras crianças, protegerem-se e imitarem-se reciprocamente. Além dos pais, também os professores, amigos e colegas contribuem ao tratá-los como um minigrupo: sobretudo na escola, é mais fácil dirigir-se a eles como "os gêmeos", do que a cada um individualmente.

A linguagem secreta

Se as características dos laços fraternos entre gêmeos forem muito fortes, podem resultar no fenômeno chamado *criptofasia*, ou seja, uma linguagem secreta que pode apresentar-se também em outras duplas de irmãos ou de amigos, mas que entre os gêmeos é mais frequente em virtude da estreita intimidade. Consiste num conjunto de gestos e palavras inventadas ou incongruentes em relação ao uso normal e incompreensíveis para os demais. O uso dessa linguagem não implica necessariamente num retardo linguístico, mas vários estudiosos confirmam a existência de um atraso de cerca de seis meses no desenvolvimento da linguagem dos gêmeos, se comparados com crianças individualmente nascidas. Os envolvidos por esse problema têm um desenvolvimento cognitivo normal, mas do ponto de vista linguístico produzem frases mais breves e gramaticalmente mais pobres.

Por que os gêmeos, em alguns casos, aprendem a falar depois das outras crianças? A resposta vem da peculiaridade da condição de gêmeos e do modo como os pais a enfrentam. Antes de tudo: o tempo que os pais podem dedicar a cada um, no caso dos gêmeos, é menor do que eles poderiam dedicar a um só filho; assim, se dividem as ocasiões em que se oferece a cada criança um modelo de linguagem a ser imitado. Por outro lado, os gêmeos passam muito mais tempo juntos um do outro do que com os demais membros da família; dessa forma, têm um modelo incorreto a imitar, um em relação ao outro. De fato, observemos o que acontece quando um dos pais tem que interagir ao mesmo tempo com duas crianças da mesma idade: ele começa a conversar e a comentar verbalmente as próprias ações dirigindo-se a uma das crianças (a quem chamaremos "bebê A"), mas de imediato deve interromper-se para prestar atenção à outra ("bebê B"). Isso sem levar em conta que é comum se pensar que os gêmeos não precisam de tanta atenção, visto que se entretêm e fazem companhia um ao outro.

Outra particularidade da condição de gêmeos é o nível de *competição*. A dupla de gêmeos é excessiva nos conflitos. Desde quando estavam juntos no útero, precisavam competir por espaço e alimentação. No livro do Gênesis, se diz que Rebeca sentia que os filhos "chocavam-se no ventre" durante a gravidez, e depois, no curso da vida, Esaú e Jacó chegaram ao conflito extremo. A diferença de peso pode também influenciar no pressuposto de papéis diametralmente opostos. Por vezes, o "dominante" não é a criança "maior", mas aquela que deu mais problemas no período neonatal (com frequência, os gêmeos são prematuros) e, exatamente por isso, recebeu mais cuidados, mais atenção e sente que foi mais "amada".

As comparações contínuas que os pais são levados a fazer podem favorecer a diferenciação entre os gêmeos e levá-los a assumir papéis diametralmente opostos. Um caso particular de papéis complementares "dominante-dominado" pode ser visto em gêmeos fraternos de sexo diferente: é comum que a menina se manifeste como a figura dominante da dupla, sobretudo por efeito de suas características (a menina tende a ser mais precoce no asseio e na maturidade, apresenta maior resistência às doenças e um melhor desempenho escolar) e também dos papéis opostos que os pais lhes atribuem, também eles influenciados pelos estereótipos sociais (o menino é mais repreendido).

Com maior frequência, os conflitos surgem na adolescência. A presença de um irmão gêmeo, que condivide sempre as mesmas experiências, pode facilitar o processo de separação, mas pode também representar uma dificuldade, se a ligação entre eles for muito intensa. O efeito dupla surge aqui em toda a sua negatividade, minando a separação, que é indispensável para possibilitar a cada um prosseguir no processo de aquisição de uma identidade autônoma.

"Multipais", ou quantos pais para duas crianças?

O erro mais frequente dos pais, sobretudo no caso de filhos gêmeos idênticos, é o de intensificar as semelhanças ou, ao contrário, exagerar na diferenciação. No passado, os pais de gêmeos, também dos bivitelinos, tinham a tendência a torná-los excessivamente iguais: as mesmas roupas, os mesmos penteados, os mesmos brinquedos. Isso trazia o risco de os gêmeos confundirem a própria identidade. Atualmente, a tendência é diametralmente oposta: distingui-los desde pequenos e deixá-los aos cuidados de diferentes pessoas. No entanto, isso pode alimentar nos gêmeos a angústia por serem separados um do outro.

Os pais "ideais" descritos até agora são os treinadores prontos a assumir o papel de árbitros imparciais, mas também o de *cuidadores* afetuosos. São aqueles que privilegiam a individualidade e cuidam igualmente de cada um de seus filhos.

E quando esses filhos nascem e crescem no mesmo momento e são iguais? Nesse caso, basta que os pais sejam tudo isso ou devem ser algo mais? Sustentamos a tese de que seja necessário *desgemelizar a dupla* e dirigir-se a cada um deles como indivíduos que são. De certa forma, acontece que cada um dos pais se desdobre, que pai e mãe se tornem dois pais e duas mães, uma dupla de pais para cada uma das crianças. Cada um deles deve sentir-se único e amado por si mesmo, independentemente do irmão gêmeo. Sem tirar nada do prazer de serem gêmeos, pode-se *favorecer as diferenças*, a começar por não lhes dar nomes parecidos nem no tamanho nem na assonância; não os vestindo de modo igual; preparando dois bolos de aniversário e cantando duas vezes *Parabéns a você*.

É claro que se as crianças quiserem vestir-se de modo igual não há por que não as contentar, desde que se lhes explique que as pessoas podem ter dificuldades para distingui-las. As crianças maiores e os adolescentes podem querer vestir-se iguais para obrigar os amigos a distingui-los com base em sua personalidade. Antes do nascimento, os pais podem ter escolhido nomes parecidos, porque sempre prevalece a ideia de um indivíduo "duplicado", mas depois que as crianças nascem é bom diferenciá-las, nem que seja com apelidos.

A *desgemelização* parte do intuito de *evitar chamá-los "os gêmeos"*, usando seus nomes próprios e procurando evitar comparações entre eles. Vale aqui o que já dissemos a propósito de irmãos de idades diferentes: é bom inseri-los em contextos sociais que incluam outras crianças, de modo que cada um possa fazer seus próprios amigos, ou, pelo menos, ter outras crianças com as quais brincar.

O objeto do amor primário, a mãe, mas também os demais familiares, deveriam dar a cada um dos gêmeos um *"espaço de filho único"*, em vez de tratá-los como se fossem um só. Sair com um dos gêmeos por vez, enquanto o outro fica em casa com o pai, por exemplo. Se desde pequenos os gêmeos forem gradualmente acostumados a ter espaços e tempos individuais, eles aprenderão a ver a si mesmos como indivíduos separados. Além disso, terão menos dificuldades em inserir-se na pré-escola e na educação fundamental. Normalmente, aconselha-se que a partir da educação fundamental, os gêmeos frequentem classes diferentes, para permitir-lhes uma educação personalizada, e também para evitar que seja prejudicada pela concorrência com o irmão. A competição por notas pode ser desgastante para a autoestima deles. A separação os fará sofrer, mas lhes facilitará crescer como indivíduos autônomos e não como "cópias".

Manter a relação entre os gêmeos, porém, é objetivo mais importante do que o de separá-los. Conclui-se que a separação não deve ser usada como prevenção ou solução de conflitos. Além disso, *não se deve dar a eles papéis rígidos* (o tímido e o sociável, por exemplo), que arriscam criar hierarquias e preconceitos, e que podem se tornar prejudiciais, seja para a dinâmica da dupla, seja para a formação da identidade pessoal de cada um.

Por fim – mas não em último lugar – o conselho de estimular que *se ajudem*, mas sem delegar o papel de pais: os gêmeos dão mais trabalho do que um filho só, mas em nenhum momento de seu desenvolvimento podem ser pai ou mãe um do outro.

> Quando nasceram, Catarina e Carolina eram tão pequenas que Carolina teve de permanecer um tempo na incubadora. Esse fato a tornou um tanto privilegiada, porque precisava de maiores cuidados do que Catarina. As duas meninas se gostam muito e estão sempre de acordo, ainda que de vez em quando briguem porque Carolina quer ter sempre razão e obriga Catarina a fazer a sua vontade. Por sorte, a mamãe não toma partido de nenhuma das duas e

jamais as compara, até porque são bem diferentes, mesmo sendo tão parecidas fisicamente. Nos primeiros dias, a mamãe as confundia e isso a angustiava um pouco. Mas depois, para poder distingui-las, começou a vesti-las de modo diferente: o mesmo vestidinho, mas de cores diferentes, rosa para uma, azul para a outra. Desde então, Rosa e Azul são os apelidos delas na família. O momento mais difícil foi quando elas começaram a frequentar a escolinha: Catarina e Carolina estavam em classes diferentes e podiam se ver quando queriam, mas todo mundo achava engraçada a semelhança entre as duas. Também as professoras as chamavam de "as gêmeas". A mamãe conversou com elas e agora as professoras as chamam pelo próprio nome.

CAPÍTULO 7

QUANDO O IRMÃO CONTINUA SENDO "O MENOR" POR TODA A VIDA: UM IRMÃO COM DEFICIÊNCIA

Aninha tem seis anos e um irmão de quase três meses, Lucas, que nasceu com um problema no coração. Ele "sarou" depois que fez uma cirurgia, pelo menos foi o que os pais disseram à menina, mas não "ficou bom". Na verdade, Lucas tem síndrome de Down. Aninha estava louca para vê-lo, mas quando a vovó a levou até o hospital no dia em que ele nasceu, não a deixaram entrar no quarto. Ninguém lhe disse nada. A mamãe veio chorando e a abraçou bem forte. Aninha se sentiu um pouco culpada por sentir ciúmes. Quando Lucas estava para nascer, ela sentia ciúmes dele, porque os amigos da mamãe e do papai traziam presentes, brinquedos e roupinhas que ele ainda nem podia vestir. Uma grande injustiça! Agora que ele nasceu, porém, quando todos vivem chorando e se perguntando "Como isso pôde acontecer?", Aninha pensa que talvez tenha sido ela quem causou o problema ao irmãozinho, que ele foi castigado por ela não ser uma boa menina. Suas colegas de classe comentaram que o irmão de Aninha é retardado, como o José, o menino da classe delas que tem um professor de apoio. Aninha ficou magoada e com muita raiva e não entendeu por que a mamãe ficou em silêncio quando contou para ela!

Um irmão diferente e especial

Uma deficiência, transtorno, distúrbio ou doença crônica de um filho submete toda a família a duras provas, condicionando-lhe todas as dinâmicas: a relação dos outros filhos com os pais, mas também o desenvolvimento psicoemotivo deles e a própria relação fraterna. Sobretudo, quando as condições presentes no nascimento são inesperadas e não coincidem com o diagnóstico pré-natal, esse acontecimento tão esperado e desejado pode se transformar em um evento traumático.

Ter um filho doente, com transtorno, distúrbio ou deficiência obriga os pais a dedicar muito tempo e atenção a ele, distanciando-se do filho maior que, no entanto, fica completamente desorientado pelo comportamento da mãe e do pai. "Estávamos tão felizes e ansiosos pelo nascimento do bebê e agora todos estão tristes... Por quê?"

Aguardava-se um companheiro de brincadeiras, e de repente chegou um "pacotinho" com o qual não se pode fazer nada...

Não há muitas pesquisas que levem em consideração a um só tempo uma criança doente ou com algum tipo de transtorno, distúrbio ou deficiência e seu irmão, que estude os comportamentos e os estados de espírito de ambos. Em alguns trabalhos recentes, porém, está surgindo uma nova sensibilidade para com as famílias assim constituídas. É fácil entender o porquê: é com os filhos "sadios" que os pais acreditam poder contar no futuro para "transmitirem o seu legado". Mas ser irmão ou irmã é muito diferente de ser pai ou mãe. Os ciúmes e os conflitos são os mesmos que ocorrem com os irmãos em desenvolvimento *típico* (expressão que se usa no lugar de *normal*), com a diferença que se amplia o sentimento de culpa por parte do irmão "sadio". Sentimento de culpa por causa dos ciúmes, por exemplo, mas também pela vergonha e embaraço que o irmão provoca diante de amigos e colegas de classe. E depois vem o medo. Medo de que possa vir a passar pelo mesmo problema ou que os pais o julguem responsável pelo que aconteceu.

Também as crianças, assim como os adultos, quando não sabem ou não entendem alguma coisa, procuram descobrir com os instrumentos que têm à disposição, por exemplo, a fantasia. Sobretudo em idade pré-escolar, as crianças têm pensamentos "mágicos" em relação aos acontecimentos. Pensam que podem influenciar os objetos e eventos externos apenas com o seu pensamento ou com as próprias ações. Por isso, podem julgar-se culpadas pela doença, deficiência, transtorno ou distúrbio do irmãozinho ou irmãzinha.

A deficiência, distúrbio, transtorno ou doença de um filho pode causar conflitos de diferentes naturezas, conforme os fatores implicados: o tipo e a gravidade do problema, a ordem de nascimento, o sexo e, naturalmente, o comportamento dos pais.

Se pensarmos, por exemplo, no autismo, com as consequentes dificuldades quanto à interação social e à comunicação, encontramo-nos diante de uma situação diferente daquela em que um dos irmãos tem síndrome de Down. As particularidades somáticas e as dificuldades de aprendizado de uma criança com Down são perceptíveis também para uma criança pequena, ao passo que as dificuldades de uma criança autista são menos compreensíveis ("Por que não me olha?").

O fato de o distúrbio, transtorno, doença ou deficiência ser ou não "evidente" traz implicações diversas para a aceitação dos pais e dos familiares: as crianças autistas, por exemplo, têm um aspecto "normal", são esteticamente agradáveis, mas desconcertantes do ponto de vista socioemotivo, pela incapacidade de reconhecer ou exprimir emoções. Imagine-se uma criança que não vê a hora de o irmãozinho ficar de pé e caminhar, porque lhe disseram: "Você vai ver, ele será seu companheiro de brincadeiras". E então, ao contrário, o irmãozinho nem deixa que o toquem, muito menos ser um companheiro de brincadeiras. Ele passa o tempo balançando-se ou fazendo movimentos repetitivos e sem sentido que inquietam os familiares. Outra coisa é ver crescer um irmão com capacidades cognitivas e sociais normais, mas paralítico. Nesse caso, a dificuldade maior deverá ser superada também pelo irmão deficiente, que sabe de seu estado.

Experiências difíceis fazem parte da vida, mas podem bloquear o ciclo vital da família. Os laços fraternos com uma pessoa doente, com deficiência, transtorno ou distúrbio são despojados de alguns componentes que deveriam distingui-lo (como vimos anteriormente). A relação com um irmão com transtorno cognitivo não é sempre espontânea, se houver falta de confiança. Além disso, as brigas e os desentendimentos são sempre condicionados pelo distúrbio, que obriga a papéis e funções rígidas.

A primeira coisa que se vê numa criança doente, com transtorno, distúrbio ou deficiência é aquilo que a torna "especial". Ela recebe mais atenção, os pais estão sempre ao lado dela, o que a faz assumir o papel de mimada e protegida. O irmão em geral fica um pouco de lado, porque tem menos necessidade dos pais. Ele é tão bom em cuidar de si mesmo e do irmão que é preciso lembrar-se de que ele não é um "verdadeiro" adulto, ainda é filho. Mesmo que seja o mais novo, se vê obrigado a assumir o papel de mais velho. Aumentam as responsabilidades. Sente fortemente o dever de cuidar do irmão, mas ao mesmo tempo gostaria de ter uma vida normal, como criança que é. Ele pode então reagir para sair da sombra e chamar a atenção sobre si, mediante comportamentos regressivos (por exemplo, enurese noturna) ou problemáticos (agressividade com os colegas de classe), ou mediante dificuldades de aprendizado. Outras vezes, pode ceder a um excesso de responsabilidade, colocando a si e a suas necessidades pessoais em segundo plano.

A criança "sadia", se não tem outro irmão além do que é doente, tem uma deficiência, transtorno ou distúrbio, sente-se muito sozinha, porque não tem ninguém com quem se comparar, ninguém que entenda sua situação. É difícil ter amigos que a entendam e apoiem. E, em geral, os pais estão mais preocupados com os aspectos práticos da vida do que em dar-lhe apoio emocional, mesmo porque ela não se abre com eles, para não lhes causar aborrecimentos.

Os pais "comunicadores"

No caso de as relações fraternas entre crianças em que uma tenha um desenvolvimento atípico, a capacidade mais importante dos pais seria a *comunicação*. Sem precisar de muitos detalhes, usando palavras simples, mas claras.

Antes de tudo, informar a criança sobre aquilo que aconteceu, sem entrar em minúcias. Esconder a situação não resolve nada, pois ela já se deu conta de que "não está tudo bem". Quanto maior a demora em falar do problema do irmão, mais ela fantasiará: "O que terá feito meu irmãozinho para ficar tão doente assim?". Os pais podem ter reforçado no passado esse pensamento, talvez dando exemplos para que a criança entendesse que comportamentos impróprios têm consequência: "Se você mentir, seu nariz vai crescer!" (desobediência = punição = doença). Ou então pode ser que a criança se sinta culpada de tudo, por ter desejado, desde o início, que o irmãozinho desaparecesse.

É preciso ficar claro que a doença, deficiência, transtorno ou distúrbio do irmãozinho não depende dela ou de seu comportamento, e que não é contagiosa, por isso não é uma coisa que pode acontecer também a ela. Mediante exemplos e palavras apropriadas à compreensão da criança, é preciso fazê-la *entender a natureza do problema*: quais são os limites e as possibilidades do irmão, o que ele poderá e o que não poderá fazer. Evite mostrá-lo como o "pobre irmãozinho que não teve sorte, coitadinho". Essa pieguice não facilita a aceitação do irmão, que, aliás, deve ter muitas capacidades não comprometidas pela doença, transtorno, distúrbio ou deficiência, qualquer que seja ela. Há que se começar falando do que ele pode fazer e não do que é. Saber que ele não é "normal" (no sentido de o seu desenvolvimento não ser o mesmo que o de uma criança de sua idade) não explica o que se pode fazer para ensiná-lo a ler ou a fazer contas. Dizendo-lhe: "Você precisará ajudá-lo sempre" ou "Não brigue nunca com ele" ou "Você deve ser afetuoso com ele", condicionamos a relação fraterna. As eventuais dificuldades da criança não devem constituir um obstáculo na sua relação afetiva com os irmãos, que continuará existindo, apesar da doença, deficiência, transtorno ou distúrbio. O afeto, portanto, deve ir além do cuidado: os irmãos devem estar juntos porque se querem bem, aceitam-se uns aos outros, e não porque se sentem no dever de fazê-lo.

Dizer que ele é *diferente*, como todos nós somos em alguma medida, e que tem necessidade de atenção e cuidados especiais, facilita à criança entender por que os pais se comportam de determinadas maneira. No momento da comunicação do problema, os pais precisam *manter-se serenos*, não assumir um tom dramático ou cair num choro desesperado. Se for o caso, devem aguardar um momento mais tranquilo ou pedir ajuda de algum outro familiar. O tom de voz, além de claro e sereno, deverá transmitir segurança e empatia, modulando as palavras de acordo com as expressões do filho. Enquanto falamos, de que modo nos olha? Demonstra preocupação, susto? Os pais devem, também, estar disponíveis para mais explicações e esclarecimentos posteriores, quando a criança conseguir administrar mais facilmente a notícia e integrá-la mais harmoniosamente ao seu mundo. Se forem dadas à criança pequenas tarefas relacionadas ao cuidado do irmão, ela se sentirá útil e envolvida.

Na casa de uma família com um recém-nascido doente, com deficiência, transtorno ou distúrbio, parece que todos falam baixinho, murmuram, como se ele precisasse dormir o tempo todo e não pudesse ser perturbado. Mas, à medida que for crescendo, ele próprio perceberá que o mundo é mais barulhento do que lhe faziam crer. Por isso, o melhor é ter um *comportamento natural*, evitando-se o silêncio superprotetor, também a fim de dar ao bebê os estímulos de que ele necessita.

O irmão terá ciúmes das atenções dispensadas ao bebê, mas provavelmente os inibirá por sentimento de culpa. Mais do que por causa dos ciúmes, sentir-se-á culpado porque não consegue "curar" o irmão. Raiva, frustração e culpa serão as emoções predominantes. Os pais devem observar a criança para detectar sinais de mal-estar e de necessidade de atenção, ajudá-la a não se sentir culpada, encorajá-la a ter sua própria vida. Dividir o tempo, oferecendo momentos exclusivos a ela e também ocasiões em que toda a família esteja junto, para rir, conversar, brincar, criando assim uma atmosfera que leve a superar os momentos mais difíceis. Nesse sentido, seria importante poder contar com um grupo de apoio aos familiares de crianças com necessidades especiais: em um grupo que partilha as mesmas experiências se aprende a exprimir e aceitar os próprios sentimentos.

No dia em que Lucas nasceu, a vovó quis levar Aninha ao hospital para conhecer o irmãozinho. Na última hora, porém, os planos mudaram e Aninha ficou em casa com a tia, que lhe disse: "Precisamos conversar sobre o seu irmãozinho". A tia explicou-lhe que Lucas havia nascido com síndrome de Down, o que significava que ele seria diferente em algumas coisas: ele faria tudo como as outras crianças, só que demoraria um pouco mais do que elas. A tia também contou que ele ficaria mais um tempo no hospital, porque seu coraçãozinho precisava de cuidados. No fim, ela perguntou: "Você quer saber mais alguma coisa? Tem algo que a preocupa?". Aninha perguntou de imediato: "O Lucas está assim por minha causa?" A tia a tranquilizou: "A síndrome de Down não é uma doença e não é culpa de ninguém". Aninha quis saber se o Lucas ia ser como o José, o menino de olhos grandes da classe dela: "Ele tem uma professora de apoio que o ajuda nas brincadeiras e na hora da lição". Depois que ela e a tia pesquisaram na internet, Aninha ficou mais tranquila e disse que vai ajudar o Lucas a aprender a brincar, a ler e a escrever, como a professora do José.

Epílogo

"Qualquer semelhança com fatos e pessoas reais é mera coincidência", diríamos se tivéssemos escrito um romance. Mas os boxes apresentados no início e no fim de cada capítulo, embora sejam histórias inventadas, são totalmente verossímeis. O objetivo é duplo: a) dar conta da diversidade das relações fraternas; b) descrever possibilidades de mudança.

Vimos que as relações entre irmãos podem ser muito diferentes umas das outras. Há irmãos que brigam muito, mas brincam juntos com frequência. Outros, na maior parte do tempo ignoram-se, enquanto para outros uma dimensão prevalece claramente sobre a outra. Um elemento comum que encontramos em todo tipo de relação é o papel dos pais.

Durante a leitura pode-se ter tido, muitas vezes, a sensação de estar lendo as mesmas coisas. De fato, pode mudar o tipo de problema entre os irmãos (ciúmes, brigas, incapacidade de brincar juntos, incompreensões), mas o que os pais podem fazer depende substancialmente de seus próprios comportamentos. Na diversidade, a mudança, curiosamente, pode apresentar-se de maneira constante e semelhante. As mães de antigamente sabiam: na educação dos filhos há poucas coisas realmente importantes a serem ensinadas, por exemplo, o respeito pelos outros. Daí derivam as normas de boa educação (dizer: "Obrigado!", "Por favor"), o sentido de partilha e colaboração, o altruísmo. Os princípios-chave da interação com os filhos hoje em dia continuam sendo os mesmos de antigamente e valem, sobretudo, quando se tem mais de um filho a educar. Nesse caso, é importante não somente voltar-se para a individualidade de cada um deles, mas também ao seu modo de ser nos relacionamentos. Além disso, a relação fraterna jamais deve ser vista apenas em si mesma. É uma peça do quebra-cabeça familiar. Está inserida no contexto da vida da família, em meio à relação dos pais entre si e com cada um dos filhos.

Quais são os conselhos comportamentais a sugerir aos pais, a fim de tentar ajudá-los nas relações com os filhos/irmãos? Podemos resumi-los numa espécie de "guia dos bons pais", que são um pouco como uma receita adequada a determinada ocasião, ou então, se não lhes agrada cozinhar, como o "pretinho básico" no guarda-roupa de uma mulher: "um vestido preto vai bem com tudo e não compromete".

1. Não demonstrar preferência. As crianças, sobretudo as pequenas, são as primeiras a perceber as injustiças. As comparações e humilhações não as estimulam a agir melhor, apenas as fazem sentir-se inadequadas e incapazes.

2. Observar. O conhecimento passa através da constatação dos fatos, poderíamos dizer. Observando como se comportam os nossos filhos quando brincam juntos, mais até do que quando um ajuda o outro a fazer as tarefas da escola, podemos obter informações importantes sobre cada um deles (o caráter, o modo de lidar com as frustrações, por exemplo), e também como se relacionam (quando é mais fácil que eles briguem, o que faz com que fiquem brigados por vários dias?). A observação está para o conhecimento, assim como o conhecimento para a intervenção. Os pais poderiam se perguntar: "Por que da outra vez a minha intervenção funcionou e agora não? Por que eles continuam a brigar?". A observação pode revelar que a briga não é a mesma, os motivos são outros. Observando o semblante e os movimentos do corpo dos filhos, enquanto são repreendidos, percebe-se se eles estão ou não entendendo o que lhes é dito.

3. *Exercícios*. Falar com os filhos a fim de conhecê-los e ser conhecidos por eles. A observação de nossa parte é também empatia, ou seja, empenho para tentar entender o estado de ânimo dos outros. Se nos colocarmos no lugar dos nossos filhos, vamos entendê-los melhor e os ensinaremos a fazer o mesmo.

4. *Otimizar as diferenças*. Conhecer melhor os nossos filhos significa reconhecer aquilo que há de único em cada um deles. É a essa singularidade que devemos olhar como pais. Já o dissemos várias vezes: adequar o nosso comportamento às diversidades significa "individualizar" o nosso comportamento (baseá-lo nas diferenças de idade, de capacidade, de sensibilidade e de caráter) e não ter preferências. Se sempre punimos a João, porque é o mais velho, e

nunca a Júlio, é como se preferíssemos o caçula em relação ao primogênito. Proibindo a um de ver televisão e ao outro de brincar com o triciclo novo podemos diversificar a "punição", uniformizando, porém, o nosso comportamento.

5. *Usar o castigo de modo cauteloso.* É comum se dizer que o castigo produz apenas efeitos temporários. Na realidade o castigo funciona, desde que colocado em prática em certas condições que, em muitos casos, não são exatamente éticas e podem colocar a criança em perigo. Além disso, o castigo tem efeitos colaterais (como os antibióticos): para começar, não ensina como comportar-se bem, mas sim comportamentos negativos, correspondentes àqueles usados para castigar. Por exemplo: se dou um tapa em cada um dos filhos que estão brigando, eu lhes ensino a resolver seus conflitos com violência. Também os pequenos entenderão que o castigo é uma coisa "ruim" e agirão de modo a evitá-lo. Isso significa que irão se comportar de maneira inadequada, como dizer mentiras para não ser punido, ser falso ("Não fui eu!") e covarde ("É melhor não fazer do que correr o risco de errar e ser castigado"), além de passar a evitar a pessoa que aplica o castigo. O melhor é valorizar a relação entre os irmãos do que punir a rivalidade entre eles. É preciso, sobretudo, evitar criticá-los ou punir somente um na presença do outro, o que poderia levar a querer tirar proveito de uma suposta preferência.

6. *Louvar os comportamentos adequados.* Encorajando o comportamento, nós ensinamos a criança a comportar-se de determinada maneira. Com o elogio se ensinam

comportamentos adequados: se, por exemplo, premiamos a colaboração entre os irmãos, obtemos efeitos maiores do que se puníssemos a não colaboração. Certamente, o efeito dos elogios (encorajamento, comprazimento, afeto etc.) não pretende transformar a criança dependente e controlada pelos pais ("Se me comporto bem com o meu irmão, a mamãe me compra o brinquedo"), mas sim torná-la autocontrolada, porque tem consciência de seus pontos fortes e de suas fraquezas. Castigada ou elogiada, cada criança deveria ser informada do motivo, a fim de aprender quais as consequências de seus atos, não para receber um prêmio, mas porque é bom comportar-se bem.

7. Definir regras a serem respeitadas. Em todo contexto de convivência é preciso estabelecer regras, melhor ainda se forem inscritas numa espécie de contrato em que todos os contraentes tenham direitos e deveres. Para ajudar as crianças a respeitarem as regras da vida cotidiana sem precisarem ser sempre repreendidas e punidas, pode ser útil fazer com elas um "cartão de estrelinhas" (podem-se usar também medalhas, balõezinhos ou outros símbolos da preferência delas). Nesse cartão definem-se as regras que devem ser respeitadas pela família – por exemplo, ajudar nas tarefas de casa; não dar socos nem pontapés quando se briga –, e as punições às infrações. É um modo de administrar os elogios e as punições, elaborado em conjunto com as crianças. Isso funciona sempre, porque a cada regra bem respeitada se obtém um ponto-estrelinha, e com a coleção de pontos-estrelinhas se oferece, por exemplo, a oportunidade de fazer algo agradável em família. Serão os pais e os filhos a definirem, um por vez, o seu custo e quais os prêmios ao término dos pontos. Naturalmente, perdem-se pontos se não se comportarem de acordo com as regras. Pode-se fazer um pequeno diploma, a ser dado a cada filho por conquistar determinada pontuação.

8. *Ser coerentes.* Com frequência, as modalidades escolhidas para gerenciar a disciplina em família não funcionam porque não são aplicadas de modo contínuo. Se uma vez punimos as brigas agressivas e outra vez as deixamos passar por falta de tempo ou de interesse, é fato que as crianças se divertirão ainda mais tentando descobrir qual será a nossa reação. Não mudemos o comportamento que escolhemos como reação, se alguma vez não surtir efeito. É preciso paciência e determinação. E coerência também entre os adultos, mais do que o simples exercício do papel de pai e mãe.

9. *Colocar-se como modelo.* Os pais são os modelos para seus filhos. Não pretendamos que nossos filhos se comportem bem se antes não estivermos dispostos a fazê-lo. Pedimos sempre aos nossos filhos que sejam responsáveis, mas muitas vezes não o somos. É como se disséssemos (e com frequência o fazemos de fato): "Faça o que eu digo, não o que eu faço"; "Eu posso mentir para a minha irmã – por exemplo –, mas você não". Agindo assim, a criança não consegue entender por que ela deve comportar-se de determinado modo e com muita probabilidade deixará de praticá-lo. O exemplo é o método mais eficaz de ensino.

10. Recordar a própria infância. Os pais que mais temem os ciúmes dos filhos são também os que tiveram um problema similar na infância. Podemos nos lembrar dos ciúmes que sentimos em relação à irmãzinha mais nova e o sentimento de culpa por isso. Experimentemos desbloquear a nossa infância, não somente para melhor compreendermos a nós mesmos, mas também para melhor compreendermos os nossos filhos: quais eram as circunstâncias que me faziam sentir raiva de meu irmão? Talvez sejam os mesmos motivos pelos quais meu filho sente raiva do irmão dele. Nossa infância pode nos ajudar a nos colocar no lugar de nossos filhos.

Neste trabalho falamos quase que exclusivamente sobre as crianças, pois quando pequenos é que funciona melhor a influência direta dos pais, e os ensinamentos recebidos na infância sedimentam-se nos anos sucessivos. Isso não significa que as relações entre irmãos durante a adolescência e a idade adulta não sejam importantes, mas se os pais lhes ensinaram desde pequenos a serem unidos, eles o serão por toda a vida. Eles podem se ver menos, formar a própria família, mas os laços com os irmãos serão sempre insubstituíveis.

Bibliografia

AA.VV. *Puericultura*. Il bambino da 0 a 6 anni. Milano: Garzanti, 2002.

BRAZELTON, T. B.; SPARROW, J. D. *Il tuo bambino e... la gelosia*. Uma guida autorevole per contenere la rivalità tra fratelli. Milano: Raffaello Cortina, 2007. [Ed. bras.: *Entendendo a rivalidade entre irmãos*: o método Brazelton. 22. ed. Porto Alegre: Artmed, 2006.]

DUNN, J. *Sorelle e fratelli*. Roma: Armando, 1986.

_____. *Affetti profondi*. Bambini, genitori, fratelli, amici. Bologna: Il Mulino, 1998.

RIZZI, L. *Fate i bravi!* Dalla tatá più formosa d'Italia, regole e consigli per diventare genitori sereni di figli felici. Milano: Rizzoli, 2007.

SANDBANK, A. *Manuale a uso dei genitori di gemelli*. Dalla nascita all'adolescenza e oltre. Milano: Raffaello Cortina, 2000.

SCALISI, R. *La gelosia tra fratelli*: come aiutare i nostri figli ad accettare Il nuovo arrivato. Milano: Franco Angeli, 2002.

ZAZZO, R. *Il paradosso dei gemelli*. Firenze: La Nuova Italia, 1987.

Impresso na gráfica da
Pia Sociedade Filhas de São Paulo
Via Raposo Tavares, km 19,145
05577-300 - São Paulo, SP - Brasil - 2014